り旅って、
に楽しい！

ソロタビ

solotabi

沖縄・那覇

Naha

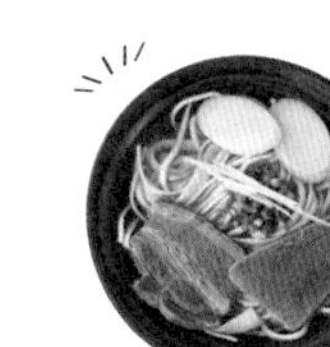
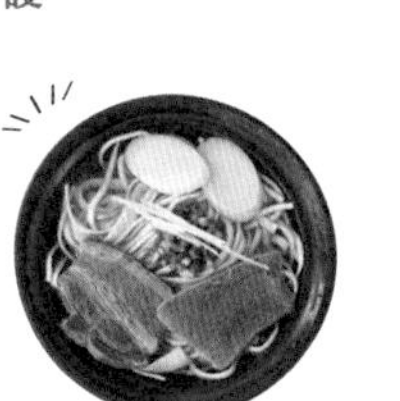

南部

アクセス&テクニック

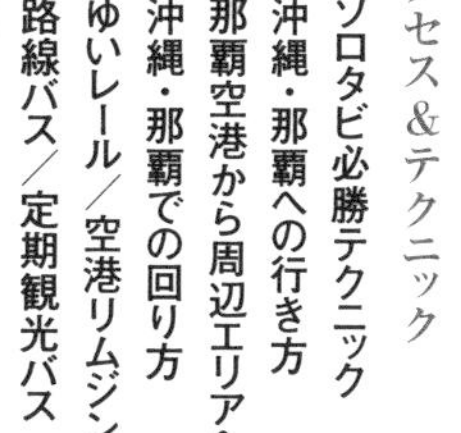

マークの見方

● カウンター…カウンター席の有無、席数 ● BT…バスターミナル ● バス停
☎ 電話番号 住 住所 交 交通 料 料金 時 開館時間、営業時間 休 休み

MAP記号の見方

● レストラン・カフェ ● ショップ ● 観光スポット H 宿泊施設

から楽しい8のこと!

Paradise Beach

Enjoy Okinawa 1

ひとりでもこの絶景は見逃せない! 沖縄が誇る透明度抜群の海辺

きらめく南国の楽園へ エメラルドビーチでくつろぐ

沖縄といえば、やっぱりビーチリゾート。
真っ青な空と透明度抜群の海、白い砂浜でのんびり。
これぞまさに、沖縄でNo.1の王道の過ごし方。
お気に入りのビーチを見つけよう。

Yの字型に突き出たエメラルドビーチ。伊江島もすぐ近くに見える

広大なマリンブルーの絶景を楽しみたい

エメラルドビーチ

えめらるどびーち

沖縄美ら海水族館周辺 MAP P123A2

国営沖縄記念公園(海洋博公園)内にあり、沖縄美ら海水族館(→P6)から徒歩で行ける。「遊びの浜」「眺めの浜」「憩いの浜」と3つの浜をもち、遊泳や景色などそれぞれの浜で異なる楽しみ方ができるのが特徴。遊泳期間中は監視員や看護師が常駐しているので安心して利用できるのも魅力。 DATA ☎0980-48-2741(海洋博公園管理センター) 住本部町石川424 交那覇空港から沖縄エアポートシャトル美ら海水族館方面行きで1時間55分、記念公園前下車、徒歩5分

Beach Data
遊泳料金 無料 遊泳期間 4〜10月期間中無休
遊泳時間 8時30分〜19時(10月は〜17時30分)
クラゲ侵入防止ネット シャワー パラソル貸出 売店

Solo Tabi

ひとりだ

ソロタビだからこそ体験できる、沖縄のトピックを厳選してご紹介。リゾート気分を味わえる美しい海景色はもちろん、観光やグルメ、ショッピングなど、ひとりでじっくり味わえば、新しい魅力を発見でき、素敵な旅になること間違いなし!

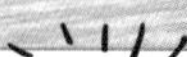

電気遊覧車で移動しよう

園内の移動は電気遊覧車が便利。3コースを6〜30分間隔で運行している。1回乗車券100円のほか、1日周遊券200円もあり、絶景を眺めながらラクラク移動ができる。

移動中も海景色を眺めることができる

真っ白な砂浜が美しい、コーラルサンドのビーチ

Beach Information

油断は禁物! 海の危険生物

猛毒をもつハブクラゲに刺されると強烈な痛みがあり、命の危険もあるので注意が必要。クラゲ侵入防止ネットの内側で泳ぐなど周辺の情報にも気を配りたい。

設備が整っているビーチが安心

管理されているビーチではシャワーがあるので、そこで着替えを。トイレやコインロッカー、売店などもある。日差しはビーチパラソルをレンタルするなどして防ごう。

離岸流に気をつけよう

離岸流は、岸に打ち寄せた海水が沖に戻ろうとする強く速い流れのこと。離岸流に入ってしまうとどんどん体が沖に流されてしまうので、発生エリアには近づかないように。

シュノーケリングはツアー参加が安心

沖縄での水難事故の多くが、個人でのシュノーケリング中に起こっている。そのため個人でのシュノーケリングの禁止や制限を設けているビーチが多く、ツアー参加が安心だ。

大きな口と頭のコブが特徴的なメガネモチノウオ。通称ナポレオンフィッシュ

Enjoy Okinawa 2

やっぱり行きたい! 沖縄を代表する観光スポット

沖縄美ら海水族館

沖縄の海の生き物たちの暮らす世界が広がる水族館や、亜熱帯の自然が息づく神秘的な谷、幸福を招く木とも言われているフクギが立ち並ぶ集落など、沖縄ならではの美しい光景に出会えるスポットへ出かけよう!

黒潮の海
豊かな生態系を形成する黒潮を再現した巨大水槽。

「美ら海」の世界をダイナミックに紹介

国営沖縄記念公園(海洋博公園)沖縄美ら海水族館

こくえいおきなわきねんこうえん(かいようはくこうえん)おきなわちゅらうみすいぞくかん

沖縄美ら海水族館周辺 MAP P123A2

館内は太陽光が降り注ぐ浅瀬から深海へと徐々に海の中へ潜っていくような造り。水槽の数は77もあり約520種の生き物が飼育展示されている。また、イルカショーが楽しめるオキちゃん劇場などの館外施設も魅力にあふれている。じっくり見学するなら2時間30分～3時間はみておきたい。DATA ☎0980-48-3748 住本部町石川424海洋博公園内 交那覇空港から沖縄エアポートシャトル美ら海水族館方面行きで1時間55分、記念公園前下車、徒歩5分

入館料金	一般料金 8時30分～16時	4時からチケット 16時～入館締切
大人	1880円	1310円

開館時間	開館時間	閉館時間(入館締切)
通常期(10～2月)	8:30	18:30(17:30)
夏期(3～9月)	8:30	20:00(19:00)

熱帯魚の海
サンゴ礁の海域を再現し、太陽光が差し込む岩場や砂地から薄暗い洞窟まで徐々に潜っていくような感覚を楽しめる。

(水槽解説(15分)) 11:00、15:30
(給餌解説(15分)) 13:00

浅瀬の生き物にタッチしよう!

イノーの生き物たち
サンゴ礁の礁池(イノー)を再現した水槽。小さな魚たちが泳ぎ、ヒトデやナマコに触れることができる。

カフェ「オーシャンブルー」
水槽横のテーブル席が特等席ですぐ目の前を泳ぐ魚を見ながら軽食やドリンクを楽しむことができる。

オキちゃん劇場

1日5回開催されるイルカショーでは、トレーナーの合図に合わせてジャンプや歌など多彩なパフォーマンスを披露。㊊無料

熱帯ドリームセンター

2000株以上のランをはじめ、熱帯や亜熱帯の花が咲く植物園。㊊760円(沖縄美ら海水族館入館券提示で半額)㊐8時〜17時30分(3〜9月は8時30分〜19時)※入館は各30分前 ㊡12月第1水曜とその翌日

ウミガメ館

タイマイやアオウミガメなど5種類のウミガメを展示。地階ではウミガメの生態もパネルで紹介している。㊊無料

ゴンちゃん

オキちゃん

— 沖縄美ら海水族館からおさんぽ —

沖縄美ら海水族館から徒歩15分、フクギ並木に足をのばしてみよう。自然あふれる素敵な景色に包まれて沖縄時間を満喫。

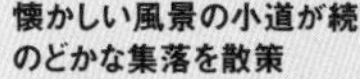

懐かしい風景の小道が続く のどかな集落を散策

備瀬のフクギ並木

びせのふくぎなみき

沖縄美ら海水族館周辺 MAP P123A2

防風林や防潮林として、備瀬の集落を台風から守るフクギの並木。家々を包み込むようにして植えられており、緑のトンネルが続く小径はどこかノスタルジック。レンタサイクルや水牛車で集落巡りも楽しめる。 DATA ☎0980-47-3641(本部町観光協会)㊟本部町備瀬 ㊋沖縄美ら海水族館(→P6)から徒歩15分 ㊐㊡見学自由

水牛車やサイクリングなどお楽しみもたくさん!

フクギって?

東南アジアなどに分布する常緑樹で、沖縄では古くから防風・防潮林として家屋の周りに植栽された。

昔ながらの沖縄の原風景が続く

フクギ並木

緑あふれる沖縄の原風景。並木道を抜けると海が広がる。

Enjoy Okinawa

3 沖縄最高位と評されるスピリチュアルな空間を訪れる 琉球創世の聖地・斎場御嶽

琉球神話にまつわる歴史や伝説が数多く残る本島南部。なかでも最高位の聖地とされる斎場御嶽・久高島を巡り、地元の人々が守り続けるいにしえの記憶に思いを馳せたい。

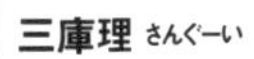

三庫理 さんぐーい

深い緑と神聖な空気に包まれた斎場御嶽のシンボル。三角のトンネル突き当りの空間が三庫理といわれる聖域だ。

斎場御嶽の入口、緑の館・セーファ。館内で3分程度のマナービデオを観賞してから御嶽へ向かう

御門口 うじょうぐち

御嶽内へと続く参道の入口。かつてここから先は男子禁制とされていた。右側に置かれた6つの香炉は、内部にある拝所の数を示している。

三庫理
三庫理の奥
砲弾池
石畳の山道
大庫理
御門口
寄満
緑の館・セーファ
ウローカー
331
斎場御嶽入口
南城市地域物産館

トンネル手前にある壺は、鍾乳石から滴る水で吉凶を占うもの

琉球国王が崇敬した沖縄の聖地

斎場御嶽

せーふぁうたき

南部 MAP P114D4

琉球創世神・アマミキヨにより創世したと伝わる聖地。森一帯が聖地とされ、複数の拝所が点在。琉球国王も参詣したといわれるほか、最高位の神女である聞得大君(きこえおおきみ)の即位式が行われるほど琉球国家行事との関わりも深い場所として、現在も大切にされている。

DATA ☎098-949-1899(緑の館・セーファ) 住南城市知念久手堅539 交那覇BTから斎場御嶽入口行きで53分、終点下車、徒歩7分 料入場300円 時9～18時(17時15分最終入場)、11～2月は～17時30分(16時45分最終入場) 休2020年の休息日は南城市のHPを要確認

御嶽(うたき)って?

南西諸島に点在する聖地のこと。神が宿る神聖な場所とされ、現在も集落の守護や豊作・豊漁の祈願が行われる。

掲載許可南城市教育委員会

三庫理の奥 さんぐーいのおく

三角のトンネルをくぐると現れる空間。左手にぽっかりと空いた木々の向こうには海が広がり、久高島を望むことができる。

寄満 ゆいんち

その年の農作物の豊作を祈ったとされる場所。御嶽内最奥にある聖域で、寄満とは王府用語で「台所」を意味する。

大庫理 うふぐーい

御門口を上ると左手に現れる最初の拝所。「大広間」や「一番座」という意味をもち、本殿に当たる場所。聞得大君の即位式はここで行われた。

神聖な地・久高島(くだかじま)へ

沖縄本島の安座真港から東約5kmに位置する小さな島。神の島ともよばれ、神聖な空気に包まれている。

南部 MAP P114D2

琉球創世神・アマミキヨが降臨したとされ、フボー御嶽など拝所が点在する。島全体が神聖な場所として大切に守られており、露出の高い服装で歩かない、石や植物、動物などを持ち帰らない、ゴミは捨てないなど、島のマナーを守って巡ろう。

DATA 交斎場御嶽から安座真港まで徒歩20分 久高島問合先☎098-948-4660(南城市観光協会) フェリー 料片道680円 所要時間 約25分／8時、11時、15時発 高速船 料片道770円 所要時間 約15分／9時30分、13時、17時30分発(冬期は17時)発 フェリー、高速船の問合先☎098-948-7785(久高海運 安座真港事務所)

あざまサンサンビーチ
安座真港
久高海運
斎場御嶽
南城市
ニライ橋 カナイ橋
南城市 地域物産館
知念岬
垣花樋川
久高島
イシキ浜
徳仁港

ハビャーン岬(カベール)
はびゃーんみさき(かべーる)

久高島の北側にあり琉球創世神・アマミキヨが最初に降り立ったという伝説が残る。

フボー御嶽 ふぼーうたき

琉球七御嶽のひとつで久高島のみならず沖縄で最高位の聖地。神人でも祭祀以外は立ち入らない神聖な場所だ。御嶽内は立ち入り禁止。入口から静かに見学しよう。

御殿庭 うどぅんみゃー

島の重要な祭祀場のひとつで秘祭「イザイホー」の主会場。奥の建物は特産品、イラブー(ウミヘビ)の燻製所。

イシキ浜 いしきはま

五穀の壺が流れ着いた伝説が残りニライカナイ(理想郷)からの来訪神が上陸するとされている。美しい浜だが聖地のため遊泳禁止。

お食事処とくじん おしょくじどころとくじん 南部 MAP P114D2

久高島の船待合所に隣接する食堂。島の特産品であるイラブー(ウミヘビ)を使ったイラブー汁1650円(要予約)やイラブー汁御膳2150円(要予約)、島の野菜や鮮魚料理が味わえる。

DATA ☎098-948-2889 住南城市知念久高238 時10時30分～19時LO 休不定休

海ぶどう丼定食1150円

Enjoy Okinawa

4

これぞ大定番! 島のソウルフードを味わう

沖縄そばを食べ比べ!

沖縄で必ず食べたいグルメといえば沖縄そば。行列必須の人気店で味わうスタンダードな沖縄そばから、話題の個性派の沖縄そばまで、食べて納得のおいしい1杯を見つけよう!

首里そば（中）
500円

塩で味を調えたコクのある澄んだスープはあっさりとした味わいが特徴的

あっさりスープに自家製麺計算し尽くされた一杯に感動!

古民家を改装した店内は落ち着いた雰囲気

沖縄そばはだしが決め手!

基本的なスープは、アクを丁寧に取った豚骨だしにカツオの削り節を加え、塩で味を調えて完成させる。鶏ガラや煮干し、昆布、シイタケなどを使って独自の風味を出すお店も。麺は、北に行けば行くほど太くなる傾向にあるとか!?

力強い唯一無二の自家製麺に脱帽

首里そば

しゅりそば

首里 MAP P125B3

開店直後から行列ができる首里の名店。手もみに時間をかけた自家製麺は「噛んで味わう」と称されるほどの歯ごたえ。カツオの一番だしと豚肉を使用した上品なスープも格別。

DATA ☎098-884-0556 住那覇市首里赤田町1-7 交ゆいレール首里駅から徒歩8分 時11時30分～14時頃（売り切れ次第終了）休日・木曜

ワイルドで圧倒的な軟骨の存在感!

亀かめそば

かめかめそば

那覇 MAP P111B2

自慢のスープはカツオと豚だしに野菜を加えることで力強く、まろやかな口当たりを兼ね備えた逸品。沖縄そば550円とコスパのよさも相まって地元客から絶大な支持を得ている。DATA ☎098-869-5253 住那覇市若狭1-3-6上江洲アパート1階 交ゆいレール県庁前駅から徒歩13分 時10時30分～17時（売り切れ次第終了）休日曜

濃厚スープのパンチのある味わいに驚き!

赤いすだれとのぼりが目印

軟骨そば（中）
650円

やや甘めに味付けされた軟骨ソーキは、豚骨だしがガツンと効いたスープとも相性がいい

人気急上昇中!
今食べるべき沖縄そば

島豆腐と、おそば。真打ち田仲そば

しまどうふと、おそば。しんうちたなかそば

名護 MAP P123B4

オープンしてすぐに人気店の仲間入りを果たした注目店。スープは元味と真味の2種類。島豆めし450円も人気。

DATA ☎090-1179-0826 住名護市東江3-20-28 交名護BTから那覇BT行きで10分、東江入口下車、徒歩すぐ 時11～17時(売り切れ次第終了) 休火曜、第1・3水曜

田仲そば(真味) 680円

3日間熟成させた麺は、もちもちとした特徴ある食感。沖縄そばの基本材料を白湯スープに仕上げ、うま味とコクを凝縮

沖縄そばの伝統を守りつつオリジナリティーを感じる1杯

カフェのようにおしゃれなインテリアで女性でも気軽に入れる

南大東島の恵みを
ギュッと凝縮

元祖大東ソバ

がんそだいとうそば

「大東そば」が食べられるのは南大東島とここ那覇の2店舗のみ

国際通り周辺 MAP P113B2

海洋深層水や島マースなど店主の故郷、南大東島の素材を麺やスープに使用。ソーキそば750円のほか、そばに大東寿司2貫が付くお得セット800円もある。

DATA ☎098-867-3889 住那覇市牧志1-4-59 交ゆいレール美栄橋駅から徒歩10分 時11～17時(売り切れ次第終了) 休無休

大東ソバ(中) 550円

やや白濁したスープはほんのり塩味。うどんのような太麺はもっちりとした食感

素材が決め手
無添加ヘルシー
仕立てのそば

手間ひまかけて脂を取り除いたスープのさっぱり感と深いコクが絶品

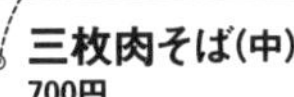

三枚肉そば(中) 700円

スープはカツオだしをメインに利かせしっかりとした味わい。細麺との相性もピッタリ

首里の高台で味わう
昔ながらの沖縄そば

しむじょう

しむじょう

琉球家屋の店内にはゆったりとした時間が流れる

那覇 MAP P110D1

高台にあるため眺望は抜群。敷地内はうっそうとした木々が茂るほか、小さな池もあり涼しげ。母屋や石垣、ヒンプンなどが国の登録有形文化財に指定されているので食後に見学してみよう。看板メニューの沖縄そばはやさしい味わいがうれしい。 DATA ☎098-884-1933 住那覇市首里末吉町2-124-1 交ゆいレール市立病院前駅から徒歩10分 時11～15時LO(売り切れ次第終了) 休水曜

個性派バーガーにハマる人が続出!

RALPH'S BURGER RESTAURANT

らるふず ばーがー れすとらん

中部 MAP P116C1

毎日店で焼くふわふわのバンズから、肉の食感やスパイスにこだわったパティ、8種の素材を用いたソースまで、理想の味を求めてすべて手作り。今までにない食材を取り入れた個性派バーガーも好評。DATA ☎098-800-2447 住沖縄市園田1-2-28 交那覇BTから具志川BT行きで57分、園田下車、徒歩3分 時11～20時(売り切れ次第終了) 休木曜

ヴィンテージのインテリアがおしゃれな店内

Recommend

Agu pork burger (ポテト付き) 1393円

あっさりしたあぐー豚100%のパティに、塩気の効いたポーク、たまご、照り焼きソースの組み合わせが新鮮

Enjoy Okinawa

5 アメリカンフードでランチ

異国情緒を感じるボリューム満点グルメ!

国内では沖縄のみで展開するハンバーガーチェーン店から、地元在住の外国人にも評判のタコライス、リーズナブルでボリューム満点のステーキなど、幅広い世代から愛されているアメリカンフード。沖縄にいながらプチアメリカ気分を楽しもう。

「オムタコ」を生み出したタコライス専門店

タコライスcafe きじむなぁ 瀬長島ウミカジテラス店

たこらいすかふぇ きじむなぁ せながじまうみかじてらすてん

南部 MAP P115A2

おいしさの秘密は、数十種類のスパイスを用いた特製タコミート。チーズや野菜、オリジナルのサルサソースと一体になり、複雑な味の変化が楽しめる。タコライスにふわトロ卵をのせた「オムタコ」は、今やご当地グルメの定番。DATA ☎098-851-3023 住豊見城市瀬長174-6 交那覇空港から瀬長島ウミカジテラスシャトルバスで15分、瀬長島ホテル下車、徒歩3分 時10時～21時30分LO 休無休

Recommend

オムタコ 803円

きじむなぁで生まれたふわトロ卵の「オムタコ」は県内外のグルメフェスティバルで受賞歴多数!

那覇空港からアクセスのよいアイランドリゾート内にある

明るくポップな雰囲気の店内は全席禁煙

アメリカンフードが豊富なのはなぜ?

戦後27年にわたり米軍統治下にあった沖縄ではアメリカの食文化が根付く。戦後駐留するアメリカ人の食を満たすため、本土よりも早くステーキ店やファーストフード店が開店するなど、アメリカンフードは沖縄で人気のグルメとなった。

沖縄ステーキ界の代表格

ジャッキーステーキハウス

じゃっきーすてーきはうす

那覇 MAP P111B2

オープンは戦後間もない1953年。米軍統治時代には米軍発行の「Aサイン」を掲げ多くの米兵で賑わったという。現在もその人気は衰えておらず、沖縄ステーキの名店として地元だけでなく全国的にも知られた存在だ。DATA ☎098-868-2408 ㊟那覇市西1-7-3 ㊯ゆいレール旭橋駅から徒歩8分 ㊪11時～午前1時LO ㊡第2・4水曜

ボリュームたっぷりで、安くておいしい気軽に入れるステーキハウスとして人気

Recommend
テンダーロインステーキ(L) 250g 2800円
脂身が少なくやわらかなヒレ肉を使用。赤身のうま味を存分に堪能したい

Recommend
ザ☆A&Wバーガー 693円
店名をメニュー名に冠した自信作。黒糖ペッパーポークやオニオンリング(フライ)をサンドしボリューム満点

うま味が詰まったソーセージに、スパイシーなオリジナルコニーソースが絶妙。コニードッグ377円

県民に愛される
沖縄ファストフードの代表格

A&W牧港店

えいあんどだぶりゅまきみなとてん

中部 MAP P117B3

屋宜原店に続いて1969年に2店舗目としてオープン。広い敷地や国道58号沿いという立地から現在では沖縄のA&Wの代表店舗となっている。ドライブインは車に乗ったまま注文し、その場で食事もOK。味も店舗もアメリカンな雰囲気を楽しむことができる。DATA ☎098-876-6081 ㊟浦添市牧港4-9-1 ㊯那覇BTから北谷町役場行きで23分、牧港下車、徒歩6分 ㊪24時間 ㊡無休

一度は試してみたい名物ドリンクのルートビア。レギュラー245円でおかわり自由

レトロで大きなドライブインのイラストが目印

塩で食べる!? 新感覚のタコスが
絶品すぎると話題に

LUCKY TACOS

らっきー たこす

国際通り周辺 MAP P112C2

一般的なタコス専門店とは一線を画すスタイリッシュなカフェのような雰囲気が評判だ。ミートやトルティーヤは仕込みに時間をかけた自家製で一個一個丁寧に手作り。シークヮーサー60円(タコス1個の場合)などトッピングが多いのも魅力。DATA ☎098-943-4901 ㊟那覇市牧志3-1-11ブレストビル2階 ㊯ゆいレール牧志駅から徒歩6分 ㊪10時30分～21時30分LO ㊡無休

国際通りからすぐの平和通りにある有名店

Recommend
タコライス(レギュラー) 750円
マヨネーズがかかっているのが斬新。アボカド200円やシークヮーサー100円などトッピングも楽しんで

Enjoy Okinawa

6 ひとりでも入りやすい! 島人(しまんちゅ)が愛する絶品グルメ店 うちなー料理を味わう

沖縄ならではの食材をつかったローカルフードが味わえる地元で人気のお店をご紹介。ここでしか味わえないブランド肉や、定番の沖縄料理を堪能しよう。

沖縄育ちのブランド牛「もとぶ牛」

もとぶ牧場が肥育する沖縄県産黒毛和牛のこと。繊維質を多く含むビール粕を利用した独自の発酵飼料を与えることで、口どけのよいやわらかな肉質に。

モモステーキセット
3500円

脂肪やクセが少なく、さっぱりしていて食べやすい内モモをステーキに

自慢の沖縄ブランドビーフ

焼肉もとぶ牧場 もとぶ店

やきにくもとぶぼくじょう もとぶてん

沖縄美ら海水族館周辺 MAP P123A3

カルビからホルモンまでバラエティに富んだ部位を味わえるのは、牧場直営店だからこそ。ランチでは、もとぶ牛ステーキのカレーセット900〜1600円を提供するなど、手頃な値段でブランド牛が楽しめる。不定期で、もとぶ牛が半額になるイベントも開催している。DATA ☎0980-51-6777 住本部町大浜881-1 交記念公園前から新里入口行きで16分、本部博物館前下車、徒歩2分 時11時〜14時30分LO、17時〜21時30分LO 休無休

具だくさんがうれしい「みそ汁定食」

丼ぶりサイズの器に入ったみそ汁を主菜にした食事。具材は店により異なるが、肉類に野菜が数種類入り、ボリュームたっぷりの定番メニュー。

中部に3店舗を展開する人気店

みそ汁亭 秀 牧港店

みそしるてい ひで まきみなとてん

中部 MAP P117A3

まろやかな白味噌を使用した看板メニューのみそ汁は、島豆腐、ポーク、豚肉、かまぼこ、菜っ葉、卵が入ってボリューム満点。栄養バランスもよく体にやさしい味わい。ほかにも肉汁や沖縄そば、ゆし豆腐などがあり、母から受け継いだという家庭的な味にファンが多い。

DATA ☎098-870-4266 住浦添市牧港1-62-19 ファラオ浦添本店 交那覇BTから北谷町役場行きで21分、第一牧港下車、徒歩4分 時11時〜19時45分LO 休無休

みそ汁定食
800円

甘みのある白味噌のスープが体に染み渡る。塩サバなどのおかず3品とライス付き

開店直後に満員御礼! 名物おでんが食べ放題

おでん専門 おふくろ

おでんせんもん おふくろ

国際通り周辺 MAP P113A3

地元のサラリーマンから高い支持を集める人気の秘密は、沖縄ならではの具材が入ったおでんとお酒が2時間2000円で食べ放題という驚きの安さから。さらに約30種もの日替わり惣菜も食べ放題なのもうれしい。

DATA ☎098-868-6721 住那覇市久茂地1-8-7 交ゆいレール県庁前駅から徒歩3分 時17時30分〜24時(土曜は〜23時) 休日・木曜、祝日

チマグ
2000円(2時間食べ放題)

豚足のつま先部分のこと。余分な脂を取りながら煮込み、肉が簡単にほぐれるほどやわらか

家庭料理の定番沖縄おでん

沖縄おでんの主役はテビチ(豚足)。ソーキやウインナーなどの具材と合わせて、コラーゲンたっぷりのテビチの出汁で煮込む。たっぷりの葉野菜も一緒に食べるのが沖縄流。

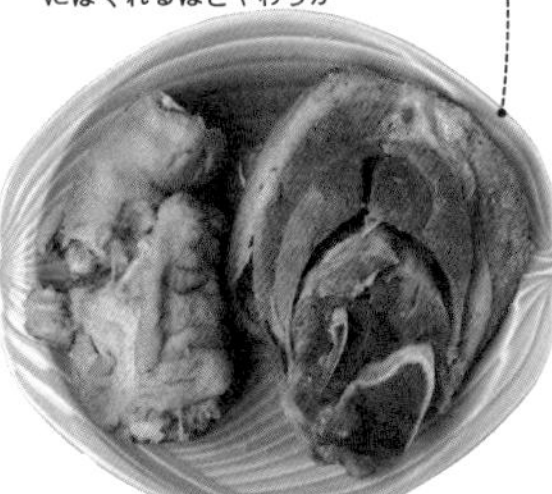

大自然のなかで育つ「アグー豚」

飼料や環境にも配慮して育てられるアグー豚は、やんばる島豚ともよばれる沖縄に昔からいる在来種の黒豚。戦後アグー豚は激減したが、外来種と掛け合わせることで1995年に復活。沖縄の固有種であり、頭数が少なく貴重な豚で、独特の甘みと脂身がしっかりしているのが特徴。

シンプルにとことん島豚のおいしさを追求

島豚七輪焼 満味

しまぶたしちりんやき まんみ

名護 MAP P123B4

やんばる島豚料理専門店。鳴き声、足跡以外はすべて食べられるというように、希少な部位も揃う。調理方法は七輪焼かしゃぶしゃぶでシンプルにうま味を最大限引き出している。自家製スーチカー(豚の塩漬け)のしゃぶしゃぶは逸品。DATA ☎0980-53-5383 住 名護市伊差川251 交 名護BTから辺土名BT行きで14分、伊差川入口下車、徒歩3分 時 17〜22時LO 休 火・水曜

やんばる島豚しゃぶしゃぶセット
1人前2106円

バラとロースの盛り合わせ。やんばる島豚のほのかに甘く口どけのよい脂と、肉のやわらかさは随一。写真は2人前

ー 居酒屋でご当地メニュー探し! ー

ひとりでも沖縄ナイトを楽しめる居酒屋で、ご当地食材の一品料理を味わえる老舗をご紹介。ひとりでも立ち寄りやすくメニューも豊富。店主やスタッフの親しみやすさも人気の秘密。

沖縄居酒屋の王道店で
正統派の沖縄料理を味わう

古酒と琉球料理 うりずん

くーすとりゅうきゅうりょうり うりずん

国際通り周辺 MAP P112D2

昭和47年(1972)の創業時から全酒造所の泡盛をいち早く揃えるなど、先代店主の泡盛への思いがこもった老舗店。料理の種類も多く、そのどれもがこだわりの逸品。沖縄料理をしっかり食べたい人を満足させてくれるのがうれしい。DATA ☎098-885-2178 住 那覇市安里388-5 交 ゆいレール安里駅から徒歩2分 時 17時30分〜23時LO 休 無休

海ぶどう1080円。プチプチっとした食感がたまらない!

ジーマーミ豆腐540円。もっちりとした食感と落花生の風味が絶品

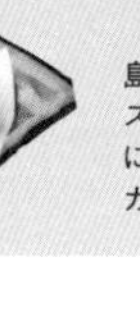

田芋を使った琉球料理「ドゥルワカシー」を丸めて揚げたコロッケのような一品。ドゥル天648円

米国統治時代から続くこれぞあんまー(お母さん)の味

郷土料理あわもり ゆうなんぎい

きょうどりょうりあわもり ゆうなんぎい

国際通り周辺 MAP P113B3

1970年の創業以来、女性だけで切り盛りし、なかには20年以上働く大ベテランも。伝統的な沖縄料理の数々は、基本に忠実で丁寧な仕込みに裏打ちされた逸品ばかり。昼夜問わず行列ができるのも納得だ。DATA ☎098-867-3765 住 那覇市久茂地3-3-3 交 ゆいレール県庁前駅から徒歩5分 時 12〜15時LO、17時30分〜22時30分LO 休 日曜、祝日

泡盛でじっくり煮込んだ豚の角煮。ラフテー790円

島豆腐の上に塩漬けした魚スクをのせた、泡盛のあてにぴったりなシンプル料理。カラスドウフ470円

Enjoy Okinawa 7

絶対食べたい! フォトジェニックなひんやりデザート

贅沢! ぜんざい&かき氷

沖縄ぜんざい発祥店といわれる名店から、自家製シロップや果肉をたっぷりのせたカラフルかき氷を食べられる人気店まで、これを食べずには帰れない逸品をご紹介。

「沖縄ぜんざい」とよばれるかき氷

沖縄では、温かいおしるこタイプではなく甘く煮詰めた金時豆の上にかき氷をのせたものを「ぜんざい」とよぶ。黒糖をかけたり、カラフルなシロップをかけたりとバリエーションも豊富。

2014年に現在地へ移転したが、白熊やフロートなどの冷し物は、創業当初から変わらず親しまれている

白熊 680円

ミカンやサクランボなどのフルーツで作られたかわいらしい顔は表情豊か。練乳をたっぷりかけたかき氷の下には甘い金時豆入り

おとぼけフェイスがキュート!

いなみね冷し物専門店 お食事処

いなみねひやしものせんもんてん おしょくじどころ

南部 MAP P115A3

1991年創業、糸満市の有名店。通常の3倍以上はある巨大なかき氷を顔に見立てた看板メニュー「白熊」は地元からも愛される存在。定食もあり食堂としても利用できる。

DATA ☎098-995-0418 ㊟糸満市糸満1486-3 ㊛糸満BTから徒歩14分 ㊗11～19時 ㊡火曜

ふわふわ夢心地へ誘う 天然色の個性派かき氷

ukigumo Café

うきぐも かふぇ

国際通り周辺 MAP P113B2

2018年8月に誕生したかき氷店。「生まれ変わったら、空に浮かぶ雲になりたい!」をコンセプトに、トロピカル系の色とりどりなかき氷を提供。20種類以上あるかき氷は、雲をイメージした口あたりふわふわの氷に、カラフルなシロップや練乳がかかった夢いっぱいの味わい。かわいいデザインで、インスタ映え間違いなし!

DATA ☎080-6488-7932 ㊟那覇市牧志1-2-12 ㊛ゆいレール美栄橋駅から徒歩10分 ㊗13時～17時30分LO(金・土曜13時～17時30分LO、20～24時LO) ㊡火・水曜 ※営業時間、定休日は季節により異なる

雲を思わせる内装に、細部までこだわりを感じる

レアチーズいちご 605円

いちごの酸味と濃厚なレアチーズの相性が◎。ナッツのトッピングもお試しあれ

落ち着いた雰囲気の和室で、ゆっくりと味わうことができる

完熟マンゴー×ミルクエスプーマのかき氷 900円

ふわふわの氷の上にマンゴーの果肉とミルクエスプーマがのった贅沢な味わい

流行りのエスプーマに
濃厚なシロップがたっぷり

琉球かき氷 氷人

りゅうきゅうかきごおり こおりんちゅ

那覇 MAP P111B2

那覇の飲食街にあるあぐー豚しゃぶ専門店が、2019年5月からはじめたかき氷店。自家製のシロップやエスプーマをかけたかき氷が、SNSなどで話題に。かき氷は夏季限定(夏～10月末)で、6～8種のメニューを揃える。

DATA ☎098-860-7608 住那覇市東町6-18パーム東町ビル5F 交ゆいレール旭橋駅から徒歩3分 時12～17時 休10～4月、ほか不定休

濃厚な
自家製シロップに注目

喫茶ニワトリ

きっさにわとり

中部 MAP P117A3

人気ベーカリー、ippe coppe(→P75)の庭を利用した純喫茶。県産フルーツを使った3～10月限定のかき氷を目当てに訪れる人も多い。11～2月はフレンチトーストやコーヒーなどのメニューを提供している。

DATA ☎098-877-6189 住浦添市港川2-16-1 交🚏港川から徒歩6分 時12時～17時30分LO(シロップが売り切れ次第終了) 休火・水曜、第3月曜、雨天時

閑静な外人住宅街にひっそりとたたずむ

苺みるくのかき氷
980円 ※3～10月限定

宜野座村産のイチゴを使用したシロップに自家製練乳をかけた濃厚な味わい。イチゴシロップにはイチゴの果肉がたっぷり

店内には年代物の家庭用のかき氷器がディスプレイされており、レトロな雰囲気

紅芋黒糖ぜんざい 680円

紅芋パウダーや紅芋アイスに金時豆、黒糖しょうがシロップがよく合う

彩り鮮やかで
紅芋の存在感がスゴイ!

鶴亀堂ぜんざい

つるかめどうぜんざい

中部 MAP P119A3

きめ細かくふんわりとした食感の氷はふっくらと仕上げた金時豆との相性も抜群。紅芋黒糖ぜんざいほか6種類のぜんざいも用意。

DATA ☎098-958-1353 住読谷村座喜味248-1 交座喜味城跡(→P83)から徒歩3分 時11～17時 休水曜(7～8月は無休)

Enjoy Okinawa 8

作家のあたたかみを感じる島の伝統工芸品を探しに

暮らしを彩る沖縄の手仕事

伝統的な手法を守りながらも、今も進化を続けている沖縄の伝統工芸品。
なかでも琉球ガラスや紅型は、沖縄独特のデザインがかわいいとおみやげとして人気が高い。

普段使いできる琉球ガラス

琉球ガラスは戦後、資源難だったことから沖縄の人々が、アメリカ人が持ち込んだコーラなどの空き瓶を砕き、溶かして再利用したガラスが始まりといわれる。再生時に混入する気泡と手作り感が観光客の目に留まり、話題に。今では沖縄を代表する手仕事のひとつとなった。

菓子入れ 2500円
容器部分には泡盛の廃瓶を使用。お菓子入れや小物入れなど用途も多彩

ペリカンピッチャー 5500円
愛らしいフォルムが目を引く。使い勝手もよく花器としても楽しめる

パフェグラス 2315円
窓ガラスを再利用して新たに器に再生。どこか懐かしい色合いに癒やされる

いろいろな商品を見比べて購入できるのも、工房ならではの魅力

使いやすい
再生ガラスの製品

奥原硝子製造所

おくはらがらすせいぞうじょ

国際通り周辺 MAP P112C2

1952年創業の老舗ガラス工房。泡盛やビールの廃瓶、使い古された窓ガラスを原料とし、シンプルで使い勝手のよい日常雑器を制作。再生ガラス特有の色合いが魅力だ。工房ではガラス作り体験(1人2700円〜)も。DATA ☎098-868-7866(那覇市伝統工芸館) ㊟那覇市牧志3-2-10てんぶす那覇2階 那覇市伝統工芸館内販売所 ㊋ゆいレール牧志駅から徒歩5分 ㊐10〜18時 ㊡水曜(工房は木曜休)

新しい風を
発信する工房

グラスアート藍

ぐらすあーと あい

名護 MAP P123B3

北部に工房を構え、海や自然をモチーフとしたガラスアートを制作。南国ならではのカラフルな色を入れたグラスや太陽光を反射して部屋に光を運ぶガラスのインテリアなど、暮らしの「今」を取り入れた琉球ガラスを美しいフォルムで伝えている。DATA ☎0980-53-2110 ㊟名護市中山211-1 ㊋ナゴパイナップルパーク(→P90)から徒歩13分 ㊐9時30分〜18時 ㊡火曜

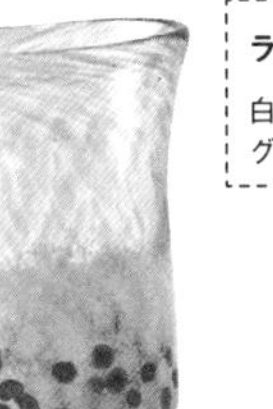

ラグーングラス 2970円
白い砂浜に続く慶良間の海のグラデーションをイメージ

八重岳グラス 2640円
日本で一番早く開花する八重岳の緋寒桜のように、誰よりも早く春の訪れを知らせるグラス

沖縄の自然を思い出させるデザインのグラスは、おみやげにぴったり

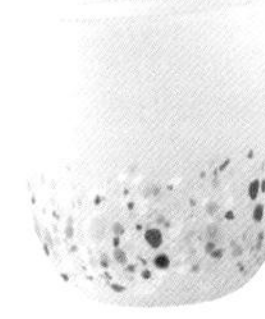

花火グラス 2200円
夜空を一瞬真っ白く華やかに彩る花火をイメージ

伝統的な型染め紅型

琉球王国時代、貴族の衣装として染められていたといわれている鮮やかな色彩の染物。沖縄ならではの紅型雑貨が人気を集めている。

お弁当サイズ ミニバッグ 2200円
沖縄らしい植物が描かれたバッグはミニサイズなのでランチバッグとして活用したい

ぬくもりを感じる沖縄の紅型アイテム

長山びんがた TIDAMOON

ながやまびんがた てぃだむーん

南部 MAP P114C2

顔料と天然染料の併用彩色した、沖縄の伝統である紅型制作の工房。紅型体験教室のほか、温かみのある手作りの紅型雑貨の販売を行っている。DATA ☎098-947-6158 住南城市佐敷手登根37 交那覇BTから南城市役所行きで44分、第二手登根下車、徒歩4分 時11～17時 休水・木曜 ※紅型体験教室は要予約

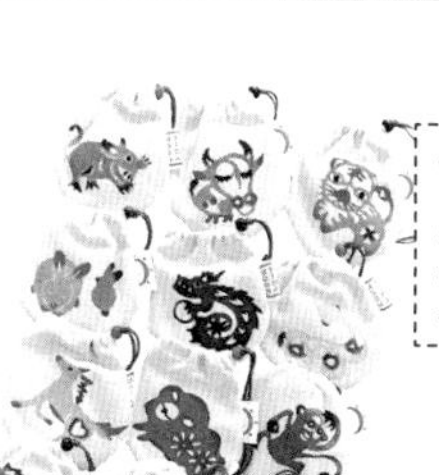

マース袋 各550円
かわいい干支の柄が描かれたマース袋は沖縄ではお守りのような存在

シーサーオーナメント 各770円
オレンジや緑のほかピンクやブルーなどさまざまなカラーがある。シーサーの表情はオスとメスで異なり、穏やかな顔に癒やされる

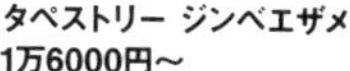

タペストリー ジンベエザメ 1万6000円～
シーサーや牡丹唐草柄も選べるタペストリーは、家に飾れば沖縄気分。幅45cm×縦90cm

現代人にも使いやすい紅型を

城紅型染工房

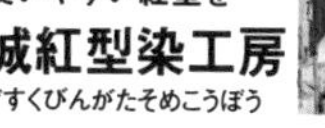

ぐすくびんがたそめこうぼう

那覇 MAP P117B3

工房兼ギャラリーは、姉妹が両親から受け継いだもの。敷居が高いと思われがちな紅型をもっと手軽に、身近に感じられる作品が注目されている。伝統を忠実に表現しつつも、新しい紅型への道を開拓するショップだ。
DATA ☎098-887-3414 住浦添市前田4-9-1 交ゆいレール経塚駅から徒歩15分 時10～18時 休日曜

ミニトート ジンベエザメ 2900円
幅30cm×高さ20cmで、近場のおでかけにも重宝する。沖縄の桜やシーサー柄も

メガネブローチ 各2500円
ツバメと水玉がかわいいブローチ。ファッションのちょっとしたアクセントに

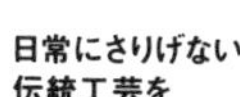

ブックカバー 各2000円
手染めならではの風合いの違いが楽しい。約16×23cm

アイラブ沖縄額布 4300円
シーサーやヤンバルクイナなど、沖縄を感じる絵柄をちりばめて額装に。四方は約30cm

日常にさりげない伝統工芸を

紅型キジムナー工房

びんがたきじむなーこうぼう

名護 MAP P123B4

紅型に新しいアイデアを融合させて、デザインから型彫、商品制作までを一貫して夫婦で作り上げる工房。店内は日常で気軽に使えるブックカバーやティッシュケースなどの小物類からギフト用まで、バラエティ豊かに揃う。
DATA ☎0980-54-0701 住名護市宇茂佐178 交名護BTから徒歩9分 時10～17時 休不定休

ソロタビでやりたいことを全部叶える!

那覇・首里 1泊2日 モデルプラン

那覇・首里エリアの主なみどころを
1泊2日で回ることができる。
ゆいレールでの移動もわかりやすくて便利。
ぜいたくプランのソロタビへGO!

DAY1

旅のはじまりは首里城公園から

沖縄への旅は飛行機を利用。那覇空港や市街、那覇・首里エリアへはゆいレールでラクに移動できる。歴史ある首里城公園や沖縄らしい街の景色に感動!

11:30 那覇空港に到着したら ゆいレールで首里城公園へ

那覇空港のキャリーサービス(→P101)に荷物を預けたら、まずは琉球王国の王都がある地、首里城公園を訪れたい。公園内の無料区間は見学ができ、守礼門や世界遺産である園比屋武御嶽石門なども見学できる。

那覇空港からゆいレールで29分、首里駅から徒歩15分

12:30 老舗の沖縄そば店でランチ

Delicious

沖縄県内でも有名な「首里そば」で、絶品沖縄そばを味わう。カツオの一番だしと豚肉を使用した上品なスープなど店のこだわりをお手頃なねだんで楽しめる。

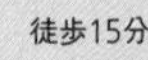
徒歩15分

15:00 石畳の道を歩いて 沖縄らしい風景を写真に残す

首里城公園から続く首里金城町石畳道は、沖縄戦でほとんどの道が破損したなか、約300mの区間が戦火を免れ当時の面影をとどめている。ゆるやかな沖縄時間が流れる光景は、思わず写真に収めたくなる!

首里駅からゆいレールで12分、牧志駅からすぐ

18:00 夜も賑わう国際通りで 島のグルメをいただきます

沖縄いちばんの繁華街である国際通りは、夜遅くまで営業するレストランや琉球居酒屋なども多い。ハンバーガーやステーキはもちろん、島の食材を使ったグルメやお酒を味わうのも楽しい。

徒歩すぐ

20:00 ホテルにチェックイン

DAY2

国際通りを中心に沖縄グルメやおみやげ探し

ホテルを出発したら、国際通り周辺の散策をスタート。メインストリートである国際通りはもちろん、壺屋やちむん通り、浮島通りなど、食事や買い物を楽しみたい。

10:00 国際通り周辺のホテルから出発

ホテルでゆっくり朝を迎え、国際通り周辺の散策に出かけよう。

徒歩8分

10:15 壺屋やちむん通りでお気に入りの器探し

沖縄の伝統工芸のひとつ、「やちむん」の窯元が集まる通りを散策。陶器工房の直営店やセレクトショップなど40軒ほどのやちむん(焼物)店が軒を連ねている。

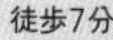

徒歩7分

11:00 ローカルが集まるまちぐゎーで沖縄名物料理を味わう

沖縄に昔からあるお店が集合したまちぐゎー。八百屋をはじめ、肉屋、魚屋などのレトロなお店が並び、その日に仕入れた鮮度の高い食材や料理を提供している。

徒歩すぐ

13:00 沖縄のメインストリート国際通りで食べ歩き&おみやげ探し

サーターアンダギーやアイスクリーム、南国フルーツのスムージー、トロピカルなかき氷など、食べ歩きや小腹が空いたときにぴったりのグルメが盛りだくさん！おみやげにしたいお菓子や調味料なども選べる。

徒歩すぐ

15:00 おしゃれな裏路地浮島通りを探検!

古着屋や雑貨店、カフェ、バーが集まり、地元客も多く訪れるようなショップが立ち並ぶ沖縄のトレンド発信地。沖縄クラフトや写真映えするカフェなど、気ままに歩いてみたい。

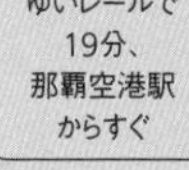

19:00 那覇空港から帰路へ

ソロタビでやりたいことを全部叶える!

沖縄本島 2泊3日 モデルプラン

沖縄本島エリアの主なみどころを
2泊3日で回るアクティブプラン。
島を走るバスを上手に活用して
ソロタビを満喫しよう!

DAY1

バスを利用して中部へ

那覇空港に到着したら、那覇空港国内線バスターミナルから中部へ移動。沖縄の海絶景が広がり、海外を旅するかのようなリゾート気分を味わえる。

10:00 那覇空港からバスで移動 美浜アメリカンビレッジへ

那覇空港国内線ターミナルから空港リムジンバスAエリアで1時間2～4分

那覇空港に到着したら中部へ移動しよう。美浜アメリカンビレッジなら、空港リムジンバスAエリア(→P106)で、美浜アメリカンビレッジ隣接のホテル「ザ・ビーチタワー沖縄」で下車し徒歩4分。直行できるので便利。

12:00 アメリカンなグルメをいただきます!

Delicious

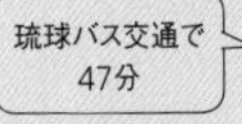

琉球バス交通で47分

中部エリアでいちばんの大型商業施設である美浜アメリカンビレッジでは、ボリューム満点なアメリカンサイズのステーキやバーガーなどのグルメや、南国らしいファッションアイテムを扱うショップなどが充実。周辺には、北谷サンセットビーチがあり、リゾート感あふれるホテルの建設ラッシュも続く注目スポットだ。

14:30 万座毛の絶景を眺める

沖縄の中部屈指の海景色である万座毛へ。断崖絶壁にある遊歩道からは、波が打ちつける豪快な絶景が望める。

琉球バス交通で5～30分程度

16:00 恩納村のリゾートホテルでゆったりくつろぐ

恩納村周辺の西海岸リゾートエリアは、美ら絶景を望むリゾートホテルが点在。夕食はもちろん、ホテル内で体験できるスパなどもあり旅の疲れを癒やしてリラックス。

DAY2

北部の美ら海水族館周辺で1日遊び尽くす!

沖縄観光のハイライトである沖縄美ら海水族館を目指して北部へ移動。周辺には透明度の高いエメラルドビーチや備瀬のフクギ並木など自然がいっぱいで癒やされる。

8:00 リゾートホテルから出発

西海岸リゾートの海景色を見ながらバスで北部エリアへ移動。1日をフル活用して楽しむために朝は早めにスタート。

沖縄エアポートシャトルなどで1時間5～30分

10:00 観光のハイライト! 沖縄美ら海水族館

沖縄旅に来たなら絶対行きたい人気スポット。ジンベエザメが悠々と泳ぐ姿など、沖縄の海をダイナミックに再現した水槽は館内でも人気の撮影ポイント。オリジナルグッズを購入できるショップにも立ち寄りたい。

徒歩15分

12:00 水族館周辺のおしゃれカフェでランチ

沖縄美ら海水族館から徒歩で移動できるおしゃれカフェでランチ。cafe CAHAYA BULANでは、伊江島を望む感動ビューを楽しめる。

徒歩5分

13:30 沖縄の原風景が広がる備瀬のフクギ並木

ノスタルジックな雰囲気の沖縄の原風景が続く備瀬のフクギ並木。集落を覆うように成長した並木道が続き、落ち着いた雰囲気の集落一帯がフォトジェニックと話題に。なかには樹齢300年を超える木もある。

徒歩20分

P24へつづく

※沖縄エアポートシャトルで停車するリゾートホテル、観光名所についてはP105をご確認ください。

P23 DAY2のつづき

14:30 沖縄屈指のマリンブルー エメラルドビーチに感動!

沖縄海洋博公園内にある広々としたビーチ。白い砂と透明度の高さはもちろん、開放感抜群のパノラマビューが自慢。沖縄海洋博公園内には、イルカのパフォーマンスが楽しめるオキちゃん劇場や、ウミガメ館、マナティー館など無料で楽しむことができる(公園内の一部施設は有料)。

琉球バス交通で
2分

16:00 島の最新スポット オキナワハナサキマルシェ

2019年3月に誕生した北部で話題の大型商業施設へ。沖縄そばや島食材を使用したジェラート、生タピオカのドリンクショップなどの食が充実。マリンモチーフの雑貨や沖縄の工芸品などのショップもあり、マリンリゾートを思わせる爽やかな雰囲気が素敵。

沖縄美ら海水族館周辺
MAP P123A2
DATA ☎0980-51-7600 ㊟本部町山川1421-5 ㊋記念公園前から徒歩15分 ㊕7～23時(店舗により異なる) ㊡無休

沖縄エアポート
シャトルで
2時間45分

Good
night

21:00 那覇市内のホテルへ

3日目のことも考慮して、2日目のうちに那覇市内へ。国際通り周辺は遅くまで空いている飲食店も多いので便利。

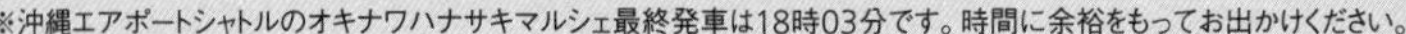

※沖縄エアポートシャトルのオキナワハナサキマルシェ最終発車は18時03分です。時間に余裕をもってお出かけください。

DAY3 島の聖なるスポット・南部の観光名所を訪ねる

ゆるやかな時間が流れる南部の名所、平和祈念公園と斎場御嶽を見学。神聖な空気に包まれた緑豊かな森林や歴史を伝える施設があり、特別な空間に足を運んでみたい。

8:00 那覇市内のホテルから出発

南部への移動は、那覇バスターミナルからバスを乗り継いで向かう。バスの時間が限定されるので、発車時刻には遅れないようにしたい。那覇バスターミナルのビル内には軽食が購入できるショップがあるので、出発前に利用するのも◎。

那覇バス・琉球バス交通・沖縄バスで32分、糸満ロータリーで乗り換え、琉球バス交通で26分

9:00 平和祈念公園で沖縄の歴史を知る

太平洋を望む丘陵地は、「沖縄戦終焉の地」としての悲劇を知る歴史の地。公園内には沖縄戦の写真や遺品などを展示した平和祈念資料館があり、目の前に広がる海の絶景を前に平和の尊さを感じたい。公園内には、沖縄そばやレストランが複数あり、ランチを済ませてから移動したい。

琉球バス交通で22分、百名BTで乗り換え、南城市路線バスで15分

13:30 スピリチュアルスポット斎場御嶽へ

琉球創世神であるアマミキヨがつくり出したと伝わる聖地。深い森の中に複数の拝所が点在し時が止まったような神秘的な空間に包まれる。入場チケットは南城市地域物産館で購入するのを忘れずに。

東陽バスで55分、上泉下車徒歩4分のゆいレール旭橋駅から12分

18:00 那覇空港から帰路へ旅のラストにおみやげ選び

交通渋滞などもあるので、那覇市街には早めに到着しておきたい。リニューアルした那覇空港では、グルメやショッピングが楽しめるので、おみやげ探しもできる。新設されたYUINICHI STREETに立ち寄るのもおすすめ。

まずは予習

おきなわ・なは

沖縄・那覇

エリア&プロフィール

沖縄は古くから琉球王国の繁栄を支え、豊かな自然や歴史のなかで独自の文化を築いてきた。
ゆるやかな時間の流れと美しい絶景を望むリゾート地で、人気観光スポットも多い。
まずはそれぞれのエリアや、みどころを4つに分けてご紹介。
主要観光スポットの位置関係を確認して、旅のプランニングに役立てたい。

① 那覇・首里 P28
なは・しゅり

グルメ・みやげ・世界遺産まで集まる沖縄の中心エリア

沖縄観光の拠点となる沖縄の県庁所在地『那覇』。那覇の中心には、沖縄随一の賑わいをみせる国際通りや牧志公設市場などがあり、ショッピングを楽しむことができる。また北東部には琉球王朝時代の首都であった『首里』があり、世界遺産の首里城公園など史跡もある。首里城は2019年に発生した火災により正殿などが焼失したが、現在は一部見学可能となり、復興に向けての活動も始まっている。

ソロタビにおすすめ
- 国際通りでトロピカルスイーツを味わう➡P30
- 那覇市第一牧志公設市場でまちぐゎーグルメを探す➡P34
- 首里城公園を散策する➡P40

壺屋やちむん通りは散歩にぴったり

かつて琉球王国の中心だった首里城

グルメやみやげが何でも揃う国際通り

④ 北部 P80
ほくぶ

海と山の大自然が凝縮された
沖縄らしさを満喫できる

島を代表する観光地、沖縄美ら海水族館などの大型観光スポットは必見。面積の約80%が照葉樹林に覆われている地域で、のどかな原風景が広がる自然あふれるエリア。

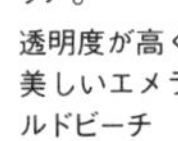
透明度が高く美しいエメラルドビーチ

沖縄美ら海水族館で沖縄の海中世界を鑑賞

ソロタビにおすすめ
- 沖縄美ら海水族館➡P6
- 世界遺産を見学する➡P82
- 癒やしの森カフェで休憩➡P84

③ 中部 P68
ちゅうぶ

絶景ビューにアメリカン!
バラエティに富んだリゾートエリア

米軍基地が多く外国人住宅など随所にアメリカ文化の影響がみられる。アメリカ西海岸の雰囲気漂うショッピングタウンなどがあり、若者に人気のホットスポット。

話題のショッピングエリア・美浜アメリカンビレッジ

カフェが立ち並ぶ港川外国人住宅街

ソロタビにおすすめ
- アクティビティに挑戦➡P70
- やちむんの里の手仕事➡P72
- 港川外国人住宅街➡P74

② 南部 P56
なんぶ

戦跡や聖地が点在する地
人気の海カフェも満喫できる

沖縄戦終焉の地に整備された平和祈念公園や世界遺産の斎場御嶽、神の島といわれている久高島もここに。海を望む東海岸一帯には眺望自慢の海カフェが集中している。

海の目の前という贅沢な立地のカフェ

沖縄で最高位の聖地とされる斎場御嶽

ソロタビにおすすめ
- 聖なる斎場御嶽を訪ねる➡P8
- 海カフェで絶景ランチ➡P58
- 平和祈念公園➡P60

那覇・首里

国際通りや首里城公園など、沖縄を代表する観光名所が集まる。定番グルメやショップはもちろん、沖縄トレンドの発信地でもあり、一年を通して賑わいをみせる。

ソロタビ PLAN

観光のハイライトは沖縄のメインストリートである国際通りと、首里城公園の散策。国際通り周辺では、ご当地グルメの食べ歩きやおみやげ探しの時間をしっかり確保してでかけよう。

Start 那覇空港駅

↓

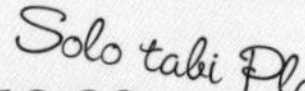

① 10:00 首里城公園を散策

→P40

首里城の城郭内へ入る第一の正門、歓会門

那覇の町や慶良間諸島まで一望できる西のアザナ

↓

② 12:00 ソウルフード 沖縄そばを味わう

→P10

琉球家屋で寛ぎながら、沖縄そばを味わえるお店もある

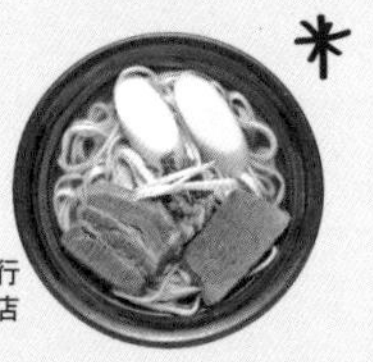

首里そばは、行列必須の人気店

↓

③ 14:00 那覇市第一牧志公設市場をローカル気分で歩く

→P34

60年以上の歴史を誇る、沖縄の食材が集まる活気あふれるマーケット

1階で買った魚介は2階でも楽しめる

↓

④ 15:00 壺屋やちむん通りでお気に入りの器探し

Shopping!

→P38

琉球王府時代から続く工芸品、壺屋焼の窯元直売所が軒を連ねている

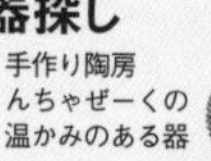

手作り陶房んちゃぜーくの温かみのある器

↓

⑤ 16:00 賑わう国際通りで食べ歩き&お買物

→P30

たくさんの観光客で賑わう那覇市のメインストリート

ちんすこうや地酒、調味料などの食みやげがたくさん

↓

Goal 牧志駅

ACCESS

- 那覇空港駅
  - ゆいレールで12分
- 県庁前駅
  - ゆいレールで4分、または徒歩約20分
- 牧志駅
  - ゆいレールで11分
- 首里駅
- 那覇空港国内線バスターミナル
  - 那覇バスで約10分
- 那覇バスターミナル

☎098-862-1442
那覇市観光協会

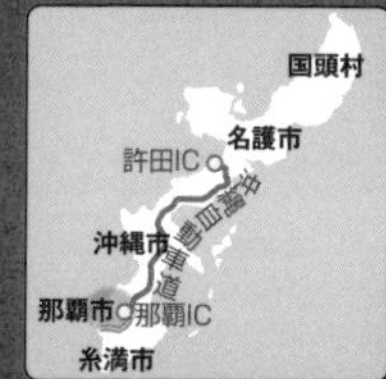

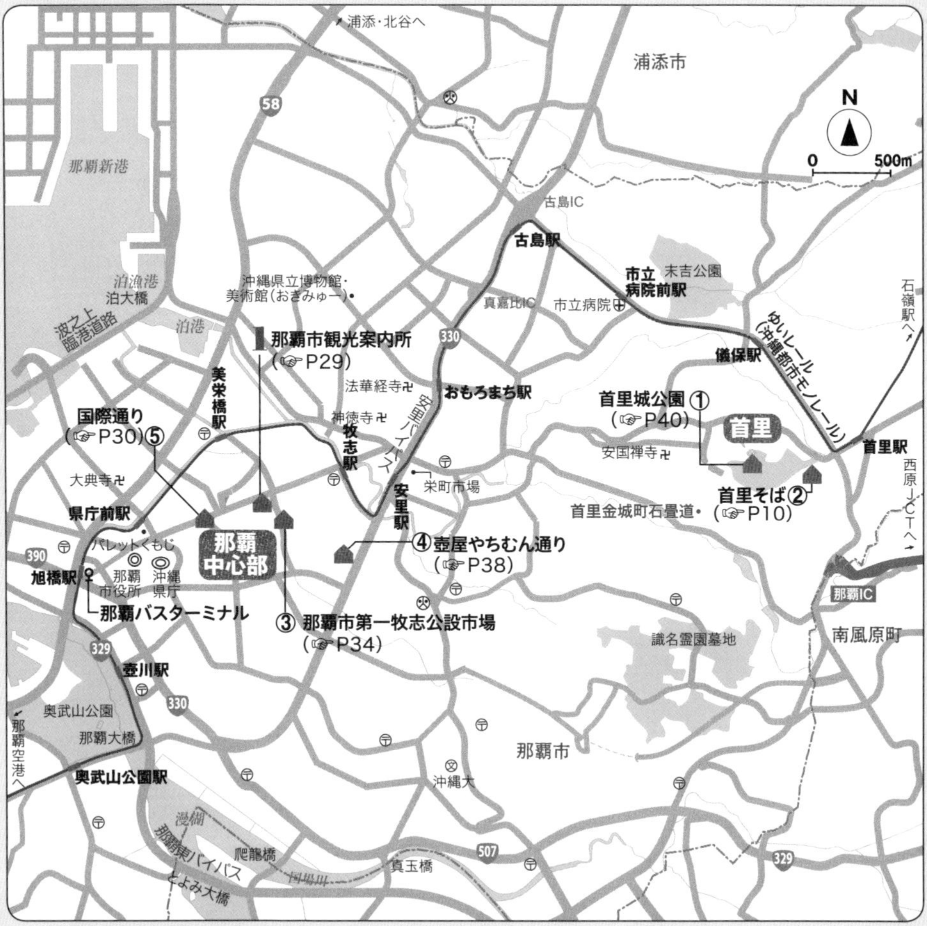
浦添・北谷へ
浦添市
N
0
500m
58
那覇新港
古島IC
古島駅
市立
病院前駅
末吉公園
泊漁港
泊大橋
沖縄県立博物館・
美術館(おきみゅー)•
真嘉比IC
市立病院
石嶺駅へ
波之上
臨港道路
泊港
330
那覇市観光案内所
(☞P29)
ゆいレール
(沖縄都市モノレール)
儀保駅
美栄橋駅
法華経寺
おもろまち駅
首里城公園①
(☞P40)
国際通り
(☞P30)⑤
神徳寺
牧志駅
安里バイパス
首里
首里駅
安国禅寺
西原JCTへ
大典寺
栄町市場
首里そば②
(☞P10)
県庁前駅
安里駅
首里金城町石畳道•
パレットくもじ
那覇
中心部
④壺屋やちむん通り
(☞P38)
390
旭橋駅
那覇
市役所
沖縄
県庁
那覇IC
那覇バスターミナル
③那覇市第一牧志公設市場
(☞P34)
南風原町
329
識名霊園墓地
壺川駅
330
奥武山公園
那覇空港へ
那覇大橋
那覇市
奥武山公園駅
沖縄大
漫湖
那覇東バイパス
爬龍橋
507
329
真玉橋
国場川
とよみ大橋

街巡りのお役立ち情報

1 那覇市観光案内所

なはしかんこうあんないじょ

国際通り周辺 MAP P112C2

「てんぶす那覇」の1階にあり、那覇市を拠点としたさまざまな観光情報を提供。各種観光施設の前売割引券やバス1日券の販売、スーツケースの一時預かりなども行っている。

DATA ☎098-868-4887 住那覇市牧志3-2-10てんぶす那覇1階 交ゆいレール牧志駅から徒歩5分 時9～20時 休無休

那覇市観光案内所 Tourist Information

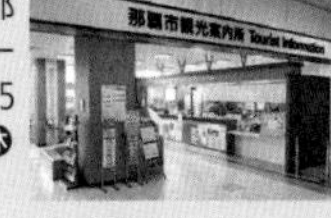

ココをCHECK!

レンタサイクルで移動する

沖縄に現在26カ所の拠点を持つ、シェア自転車サービス。電動アシスト自転車でサイクリングをしながら、那覇市のビーチなどに行くのもおすすめ。ウェブサイト、または窓口で登録をして使用可能。

ちゅらチャリ

ちゅらちゃり

DATA ☎050-3531-6108 料30分220円、1日パス2200円 時24時間 URL docomo-cycle.jp/churachari/

沖縄最大のバスターミナル

沖縄観光の拠点となる那覇バスターミナル。ゆいレール旭橋駅の目の前にある。観光案内施設や商業施設、飲食店などが入り、みやげ品も手に入れることができる。国際通りからも近く、那覇市の中心部への玄関口としても便利な立地。

那覇バスターミナル

なはばすたーみなる

那覇 MAP P111B3

DATA 住那覇市泉崎1-20-1

観光客で賑わう沖縄いちばんの繁華街

Eating

おいしい&かわいいで大満足♡

国際通りでカラフル&トロピカルスイーツ

フレッシュなトロピカルフルーツをたっぷり使ってかわいくトッピングされた南国テイストのスイーツたち。写真を撮りながら食べ歩きを楽しもう!

ソロタビPoint

国際通りを効率よく散策しよう!

戦後、通りのほぼ中央付近(現在のてんぶす那覇付近)に「アーニーパイル国際劇場」という映画館があったことから名付けられた国際通り。端から端まで歩くと30分程度。休憩しつつ往復するなら約2時間程度を目安としたい。

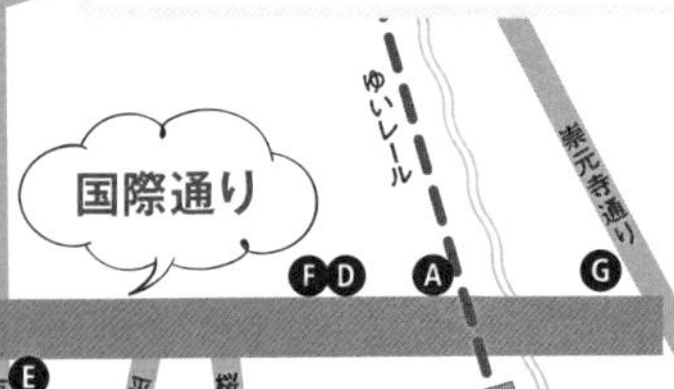

店内はカワイイだらけ!
どこを撮っても絵になるカフェ

Ⓐ Ti-da beach Parlour

てぃーだ びーち ぱーらー

MAP P112C2

アクセサリーや雑貨に加え、ドリンクも販売しSNSではすっかりおなじみ。ディレクターの永山圭さんは「ネオンやドライフラワーを使って写真を撮りたくなる店づくり」を目指し、見事に実現。

DATA ☎098-894-8828 住那覇市牧志2-7-18 交ゆいレール牧志駅から徒歩1分 時10～18時 休日曜

1 フルーツがたっぷりのったドラゴンフルーツスムージー972円 2 お気に入りのフォトジェニックポイントを見つけたい

香港生まれのエッグワッフルとブルーシールとのコラボスイーツ

Ⓒ POCO CAFE

ぽこ かふぇ

MAP P112C2

エッグワッフルをベースとするユニークな商品が揃う。トロピカルフルーツやアイスクリーム、クリーム等のトッピングが可能。

DATA ☎098-988-9980 住那覇市牧志1-3-62 交ゆいレール美栄橋駅から徒歩9分 時10～22時 休無休

1 インパクトのある見た目がSNS映えすると好評。フルーツ4種盛り1260円 2 イートインスペースもあり

贅沢にマンゴーを使用したスイーツをお手頃価格で味わえる

Ⓑ MANGO CAFE わしたショップ店

まんごーかふぇ わしたしょっぷてん

MAP P113B3

マンゴーをふんだんに使ったぜんざいをはじめ、マンゴー果実スムージー580円が好評。手軽なサイズで小腹が空いたときにもぴったり。わしたショップ内にはみやげ物店などもあるので、ショッピングの合間に立ち寄りたい。

DATA ☎070-5536-1708 住那覇市久茂地3-2-22 交ゆいレール県庁前駅から徒歩3分 時10時～21時50分 休無休

1 かき氷に爽やかな甘さのアップルマンゴーがのった、マンゴー果実ぜんざい580円 2 テイクアウトのみのスタンドショップ

ピンクがかわいい
フォトジェニックなお店

D nichi×nichi

にち×にち

MAP P112C2

店内に一歩入ると、そこはピンク一色！インテリアがかわいい店内にはアクセサリーなどの雑貨も並ぶ。ドリンクとスイーツはどれも写真映えする見た目で、テンションが上がること間違いなしだ。

DATA ☎070-5693-5069 ㊟那覇市牧志2-7-27名城ビル2階 ㊋ゆいレール牧志駅から徒歩4分 ㊐11～18時LO ㊡不定休

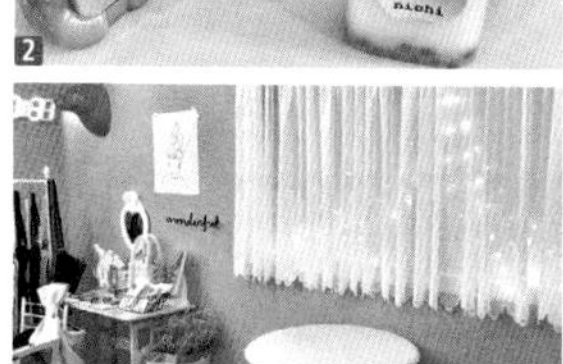

1 人気のフローズンフルーツが入ったソーダ各530円 2 キュートなデザインのボトルドリンクは写真撮影したくなるアイテム。大人気のリンゴボトルは730円 3 全面ピンクのオシャレかわいい店内

旬のフルーツを贅沢に
使ったかき氷が人気！

E フルーツ市場

ふるーついちば

MAP P112C2

マンゴーや島バナナといった南国フルーツを販売。パインスティック150円などフレッシュフルーツがその場で味わえるメニューは、散策のお供にぴったりだ。

DATA ☎098-864-2240 ㊟那覇市牧志3-1-1 ㊋ゆいレール牧志駅から徒歩7分 ㊐9～21時 ㊡無休

ドラゴンフルーツなどの南国フルーツ数種が一度に楽しめる、贅沢な一品。トロピカルミックスかき氷 500円～

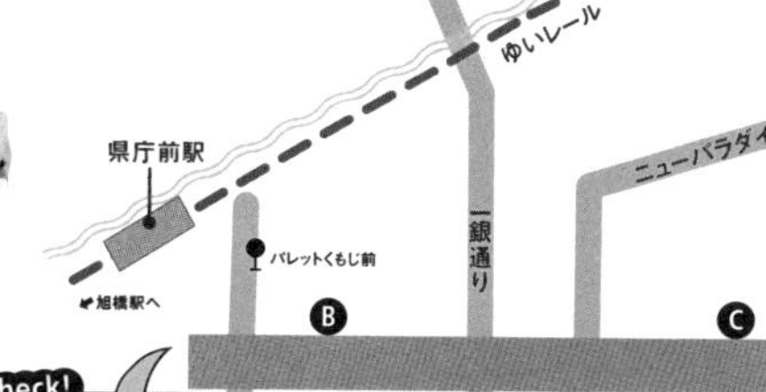

Check!
ゆいレールの県庁前駅と牧志駅が最寄駅。国際通りの出入口にあるので、起点にすると便利だ。

台湾料理店のオリジナル！
カラフルなタピオカドリンク

G agu.bao

あぐー ばお

MAP P112D1

2019年12月にオープンした国際通りの入口にある台湾料理店。海洋タピオカミルクなど、カラフルなタピオカドリンクがフォトジェニックと話題に。店内では動物の絵が描かれたかわいいグラスで味わえる。テイクアウトも可。

DATA ☎050-3469-0668 ㊟那覇市安里1-4-15 ㊋ゆいレール牧志駅から徒歩5分 ㊐11時30分～22時 ㊡無休

1 沖縄の定番フレーバーである紅芋を使用。タピオカベニイモ450円 2 沖縄の海を重思わせるブルーの色合いがフォトジェニック！海洋タピオカミルク450円 3 台湾まぜ麺や台湾式ハンバーガーなどもある

イラストカップで提供される
ドリンクのフレッシュ感がGOOD

F :Dkokusai+

でぃーこくさいぷらす

MAP P112C2

モデルやアイドルが所属する事務所が営むカフェ。玉城ティナさんが描いたイラストがおしゃれ。季節のフルーツや、島豆腐のスムージー500円が人気。Wi-Fiなどの設備も充実。

DATA ☎098-914-4360 ㊟那覇市牧志2-7-28嘉数ビル2階 ㊋ゆいレール牧志駅から徒歩3分 ㊐11～18時(季節によって変動あり) ㊡月曜

1 スペシャルマンゴースムージー800円(上)、ベリーヨーグルト500円(下)などフルーツたっぷりのスムージーが魅力 2 ターコイズブルーが目を引く外観

Eating うちなーんちゅが愛してやまない

名物食堂でチャンプルーを味わう

沖縄の家庭料理といえばチャンプルー。あんまー（お母さん）たちが作る家庭の味を、気軽に楽しめる大衆食堂味わいたい。地元の人にも愛される名店を訪れてみよう。

ソロタビPoint

食堂の「きほん」をチェック！

メニューは基本的にセットで提供される。メニュー表に「ゴーヤーチャンプルー」と書かれていれば単品ではなく、ご飯や汁物が付いてくることが多い。

本来の味付けにこだわり続ける

家庭料理の店 まんじゅまい

かていりょうりのみせ まんじゅまい

MAP P113A3

国際通りのすぐ近く、地元客も観光客も訪れる立地だが、味付けは地元客向け。ヘチマの味噌炒め650円、自家製ゆしどうふ定食650円など、定食メニューはほとんどが650円というのもうれしい。

DATA ☎098-867-2771 住那覇市久茂地3-9-23 交ゆいレール県庁前駅から徒歩2分 時11時～15時30分、16時30分～22時LO 休不定休※日曜は要問合せ

1 八重山特産の香辛料・ピパーズの葉を練りこんだ自家製ぴぱーずそば650円 2 座敷もありゆっくりくつろげる 3 創業40年以上の老舗で地元からも人気が高い

ゴーヤちゃんぷるー 650円

お店のこだわりは玉子は入れないこと。肉をコンビーフハッシュにすることで苦味が抑えられる

そうめんちゃんぷる（半ライス・スープ付き）600円

シンプルイズベストなチャンプルー。通常、茹でた素麺に合わせる具はツナ缶や万能ネギが一般的だが、ここではポークとニラ、タマネギを合わせている

地元で人気の老舗食堂

お食事処三笠 松山店

おしょくじどころみかさ まつやまてん

MAP P113A2

夜遅くまで営業し地元客からの支持も高い老舗。10名以上の主婦が交代で厨房に立つ、ローカルな雰囲気がたまらない。働く人に力を付けてもらいたいと、調味料のほかにマーガリンがテーブルに常備されているのもこの店ならでは DATA ☎098-868-7469 住那覇市松山1-12-20 交ゆいレール県庁前駅から徒歩10分 時8時15分～24時 休母の日

1 牛肉ととうふのニンニク炒め（ライス・スープ付き）700円。たっぷりのニンニクとニラ、牛肉でスタミナUPの人気メニュー 2 あんまーが働く姿が見えるオープンキッチン

60種類以上のメニューはボリューム満点!

軽食の店ルビー

けいしょくのみせるびー

MAP P111B1

創業56年。軽食のイメージを凌駕するボリュームと安さで愛され続ける地元の大衆食堂。客の5割がオーダーする看板メニューのCランチをはじめ、多彩なメニューが揃い昼夜を問わずファミレス感覚で利用する人も多いのだとか。

DATA ☎098-868-1721 住那覇市泊3-4-15 交ゆいレール美栄橋駅から徒歩15分 時10〜24時LO 休水曜

フーチャンプル 540円
水で戻した車麩を野菜と炒めた料理。ルビーでは車麩に味を染み込ませてから炒めるので、全体にしっかり味が行き渡っている

1 国道58号沿いに店を構えている 2 Cランチ 600円。200gの巨大トンカツにポークや玉子焼き、サラダなどが付く

沖縄食堂の魅力が凝縮

花笠食堂

はながさしょくどう

MAP P112C3

アイスティーが飲み放題、定食のご飯は、玄米、白米、赤飯から選べるなど、独特のシステムで人気を集める。ヘチマみそ煮800円や中味汁定食800円など沖縄料理全般が揃い、どれもボリューム満点。沖縄食堂を代表するような存在だ。

DATA ☎098-866-6085 住那覇市牧志3-2-48 交ゆいレール牧志駅から徒歩7分 時11〜20時LO 休無休

ゴーヤチャンプルー定食 850円
輪切りにしたゴーヤーを、島豆腐やポーク缶などとサッと炒める。卵でとじてまろやかに

1 懐かしい雰囲気の店には地元客が多く集まる 2 国際通り近く。遠くからでも目立つ黄色の看板とショーケースが目印

財布にも身体にもやさしい沖縄料理

高良食堂

たからしょくどう

MAP P111B2

沖縄そば300円などリーズナブルなメニューで地元客からも愛され続けている人気店。オープン当初から油をあまり使わずに調理しているため、身体にやさしく、毎日通う人もいるほど。全品プラス200円でミニぜんざいが付く。

DATA ☎098-868-6532 住那覇市若狭1-7-10 交ゆいレール県庁前駅から徒歩12分 時10時30分〜20時30分LO 休不定休

豆腐チャンプルー 500円
沖縄そばだしに味噌を絡め、炒め煮の要領で調理。豆腐に味がしっかり染み込んでいる

1 時間帯を問わず客が訪れる人気店だ 2 50年近く営業を続ける老舗

ソロタビPoint

お店の情報をチェック

市場内には多くの店舗が入っているので訪れたら場内マップを確認。2階には休憩スペースもあるので活用しよう。

本土ではお目にかかれない珍しい食材が並び、散策するだけも楽しい

地元客で賑わう人気の市場

地元のとれたて食材がずらり！

Eating

ローカルが通う市場やスーパーに立ち寄り

まちぐゎーで発見！沖縄プチグルメ

2019年7月から建て替えに伴い、現在の仮設市場で営業する那覇市第一牧志公設市場。沖縄独特の食文化を味わうことができるスポットで、活気ある市場を肌で感じてみたい。

沖縄の食を発信する店が集まる名物市場

那覇市第一牧志公設市場

なはしだいいちまきしこうせついちば

MAP P112C3

「那覇の胃袋」「那覇の台所」ともよばれる沖縄県内屈指の市場。1・2階合わせて80以上もの店舗が連なり、ジュースやスイーツなど多くの名物も誕生した場所。沖縄独特の食文化が集まるスポットとして注目されており、地元客に混ざって買物を楽しめる。DATA

☎098-867-6560 住那覇市松尾2-7-10 交ゆいレール牧志駅から徒歩9分 時8～21時 休第4日曜（12月は営業）※営業時間・定休日は店舗により異なる

まちぐゎーってどんなところ?

まちぐゎーは、沖縄に昔からある規模の小さいお店が集合したエリアのこと。八百屋をはじめ、肉屋、魚屋などのレトロなお店が並び、その日に仕入れた鮮度の高い食材を販売。店主と会話をしながら沖縄のおいしいものを選んだり、雰囲気を味わいながら散策を楽しみたい。

市場名物の「持ち上げ」を体験

1階で買った鮮魚を2階ですぐに食べることができる。購入店の店員に「持ち上げ」を希望すると対応してもらえる。利用料金の目安は、食材費（時価）＋調理代1人550円。※調理メニュー3品まで、刺身は調理代不要

こだわりのスープが決め手

沖縄 生そば がんじゅう堂

おきなわ なまそば がんじゅうどう

珍しい沖縄生そばをカツオと豚のスープで味わう沖縄そば店。手軽なランチにぴったり。DATA 時10～20時LO 休水曜、第4日曜（12月は営業）

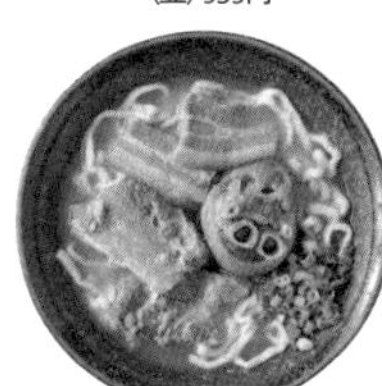

てびちや三枚肉がのったがんじゅうそば（並）935円

カラフルなジェラートは写真映え抜群！

H&Bジェラ沖縄 牧志店

えいちあんどびーじぇらおきなわ まきしてん

県産フルーツの果肉たっぷり！マンゴーやドラゴンフルーツなど、県産果実のおいしさを贅沢に楽しめる生ジェラート。DATA 時10～18時 休第4日曜（12月は営業）

レギュラー（コーン）600円。同料金で3種の味を楽しむことができる

昔ながらの味わいにほっこり

歩 サーターアンダギー

あゆみ さーたーあんだぎー

シンプルでほのかな甘さが特徴のサーターアンダギー専門店。小麦粉、砂糖、ミルク、卵黄だけで作る定番おやつ。DATA 時10時～売り切れ次第終了 休日曜

やさしい味わいのサーターアンダギー9個入り770円

まとめて買うとおまけがあるかも!?

大城屋

おおしろや

沖縄そば、肉味噌、ドレッシング、さんぴん茶など、みやげにぴったりな食品類が豊富。DATA 時8～20時 休第4日曜（12月は営業）

自宅でも楽しめるソーキそばのセット

青切りシークワーサー100はシークワーサーを皮ごと生搾り

スーパーマーケットでソウルフードをGET

なかよしパン（ハーフ）
パッケージに特徴のあるパンで、表面は甘いカステラ生地でコーティング

じゅーしぃの素
沖縄の食卓には欠かせない炊き込みご飯の素

オリオンドラフトビール
沖縄で生まれ育った生ビールで、南国にふさわしい爽快さと飲みごたえ

うず巻パン
ふかふかのやわらかパンにシャリシャリ感が残るバタークリームをサンド

ここで買えます！

サンエー那覇メインプレイス
さんえーなはめいんぷれいす

MAP P110C1

DATA ☎098-951-3300 住那覇市おもろまち4-4-9 交ゆいレールおもろまち駅から徒歩8分 時9～23時 休無休

オリジナル商品を要チェック！

松や

まつや

県産のおいしいものを中心に揃える店。自社製造の食品や雑貨はここで手に入れたい。DATA 時9～18時 休第4日曜（12月は営業）

松やオリジナルのコーレーグース（とうがらしの調味料）250円

沖縄県民のソウルフードであるSPAM350円は売れ筋商品

「持ち上げ」を体験できる

あだん

あだん

肉の甘みが凝縮されたラフテーや魚料理、島豆腐など沖縄の一品料理を提供する。DATA 時10時30分～19時LO（日曜～16時LO） 休木曜、第4日曜（12月は営業）

じっくり柔らかく煮込んだラフテー275円（右）、グルクンの唐揚げ定食880円（左）

Shopping 大注目の最新おしゃれスポット

ハイセンスな雑貨店巡り♪浮島通りさんぽ

ソロタビPoint

足休めのカフェも点在

600メートル程度の浮島通りには、すてきなコーヒーショップやカフェがある。国際通りでのショッピングに疲れたら、ゆっくりと一息つくのもおすすめ。

国際通りから南へのびる浮島通りは、昔ながらの商店とデザイナーが手がけるお店などが入り交じる、おしゃれストリートとして幅広い世代の注目を集めている。

沖縄の自然を鮮やかに描く

Taion 浮島店

たいおん うきしまてん

MAP P113B3

沖縄の自然や色彩にインスピレーションを受け、作られるテキスタイル製品(布製品)を販売している。店内には、美しく彩り豊かな商品がずらり。Lee Yasumitsu氏の描く、沖縄の花や生き物の絵画がデザインされたバッグや洋服に注目。 DATA ☎098-914-1082 住那覇市松尾2-3-10 交ゆいレール県庁前駅から徒歩10分 時12～18時 休不定休

さわやかな白壁の店は南国らしい雰囲気を演出(右上)。エレガントなアラマンダバンブーバッグ3万5000円(右下)

ターコイズパンジートートバッグ
3万5000円

撥水加工で、汚れに強いトートバッグ。お揃いで持ちたいウォレットもある

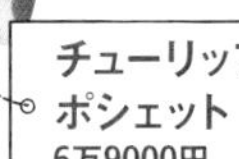

チューリップポシェット
6万9000円

人気のポシェット。長財布と携帯を入れて身軽におでかけできるので便利

伝統製法で作る贅沢石けん

La Cucina SOAP BOUTIQUE

らくっちーな そーぷ ぶてぃっく

MAP P113B3

良質な植物油と天然精油100%使用、人工保存料無添加にこだわる、ボタニカルなコスメアイテムを製造・販売する専門店。沖縄素材の月桃やクチャ(海泥)などを配合した石けんのほか、スキンケア商品も扱う。 DATA ☎098-988-8413 住那覇市松尾2-5-31 1階 交ゆいレール県庁前駅から徒歩10分 時12～20時 休不定休

琉球アロマ
各2200円(10mℓ)

月桃やシークヮーサーなどの希少な沖縄産精油を取り入れた100%植物性のアロマブレンド

青パパイヤのフェイシャルソープ
2200円(100g)

沖縄産パパイヤの酵素ジュースを配合。フレッシュなシトラスの香りでさらりとした洗い上がり

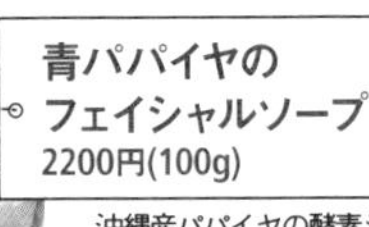

美ら海バスソルト
各385円(30g)

沖縄の美しい海から生まれたナチュラル素材のバスソルト

海外を思わせるような爽やかな店構え

絵柄がかわいいテキスタイル雑貨

MIMURI

みむり

MAP P112C3

石垣島出身のテキスタイルデザイナー、MIMURIさんのお店。「沖縄を持ち歩く」をテーマに、身近な風景や動植物を描いた明るくやさしいタッチのデザインは、見ているだけで楽しくなるものばかり。 DATA ☎050-1122-4516 住那覇市松尾2-7-8 交ゆいレール牧志駅から徒歩10分 時11～19時 休月1回木曜

大小さまざまな商品が並び、鮮やかな色彩にあふれる店内

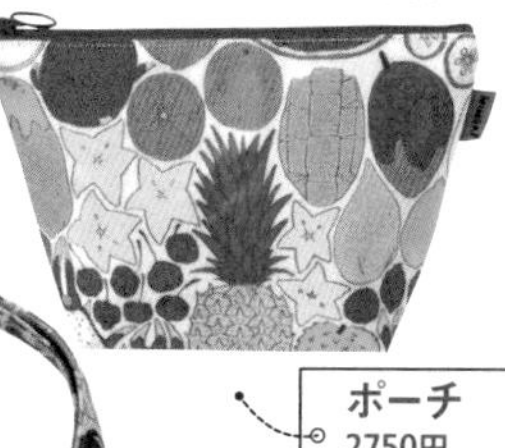

ポーチ 2750円

マチありポーチは、バッグインバッグにもおすすめ

ミニバッグ 4290円

ちょっとした散歩に持ち歩きたい「ミニバッグ」

島サバタトウー 2420円

シーサーやブーゲンビリアなどが人気。サイズはM～LL、子ども用もある。プラス324円で名前が入れられる

手ぬぐい 1034円～

ヤンバルクイナやシーサーなど沖縄らしい生き物や植物がデザインされている

アーティストたちのコラボ作品

琉球ぴらす 浮島通り店

りゅうきゅうぴらす うきしまどおりてん

MAP P113B3

「沖縄のいいところ」を表現した個性的なオリジナルTシャツや、雑貨などを製造・販売している。アーティストとのコラボレーションにより表現されたシーサーやヤンバルクイナなどのデザインがかわいいグッズが揃い、おみやげにもぴったり。 DATA ☎098-863-6050 住那覇市松尾2-2-14 交ゆいレール県庁前駅から徒歩9分 時11～20時 休不定休

多くの雑貨が並ぶ落ち着いた雰囲気の店

裏路地カフェでひと休み♪

島野菜農家の想いも料理に込める

浮島ガーデン

うきしまがーでん

MAP P113B3

動物性食材は使用せず、マクロビオティックの考え方を取り入れメニューを考案。自然栽培、有機農法にこだわる農家から仕入れた食材を使い、野菜本来がもつおいしさを教えてくれる。 DATA ☎098-943-2100 住那覇市松尾2-12-3 交ゆいレール牧志駅から徒歩10分 時11時30分～14時LO、18～21時LO 休木曜不定休

Today'sヴィーガンケーキ各650円。白砂糖、乳製品不使用のマクロビスイーツ

身体の中からキレイになるヘルシーごはん

SABORAMI

さぼらみ

MAP P112C3

ミュージシャンの店主特製ヴィーガン料理は、お肉好きでも大満足。魚料理に甘味、アレルギー対応料理も。

DATA ☎090-7451-8327 住那覇市松尾2-11-23 交ゆいレール牧志駅から徒歩10分 時12～21時 休木曜、月2回日曜

ベジキーマカレーは、お肉が入っていないとは思えないほどの旨みとコク。850円

自然栽培や無農薬にこだわり!

自然食とおやつmana

しぜんしょくとおやつまな

MAP P112C3

ヴィーガンプレートとランチドリンク、スイーツなどを提供し、沖縄県で生産される野菜を中心としたメニューが味わえる

DATA ☎098-943-1487 住那覇市壺屋1-6-9 交ゆいレール牧志駅から徒歩10分 時11～15時LO 休月～水曜

季節の島野菜を使用したヴィーガンでも楽しめるランチのベジプレート1350円

Eating 琉球時代から続くやちむんの街

壺屋やちむん通りを歩く

那覇市国際通りの近くに続く約400mの風情ある石畳の道。陶器工房の直営店やセレクトショップなど40軒ほどのやちむん(焼物)店が軒を連ねている。赤瓦の古い建物が点在する通りの風景を楽しみながら、自分にぴったりのやちむんを探そう。

ソロタビPoint

やむちん通りの歴史

沖縄の伝統工芸やちむんとは、沖縄の言葉で焼物のこと。17世紀末の琉球王国時代、各地の窯場がこの地に集められて壺屋焼が誕生した。素朴で大胆な絵柄が特徴で作家の温もりを感じる作品に出合える。

厳選された人気作家の作品がいっぱい

craft house Sprout

くらふと はうす すぷらうと

MAP P112C3

若手からベテランまで、数多くの作家作品が並ぶセレクトショップ。オーナーのレイアウトセンスが光る店内には数多くのやちむんが並び、企画展や個展も不定期で開催される。

DATA ☎098-863-6646 ㊟那覇市壺屋1-17-3 ㊋ゆいレール牧志駅から徒歩13分 ㊐10～19時(水曜は～18時) ㊡火曜

1 やちむんを探求する眞喜屋修(まきやおさむ)さんの温かみのある作品。陶房眞喜屋カップ&ソーサー3300円 2 女性に人気の陶房・工房ことりのかわいいカフェオレボウル2200円 3 深い青が印象的な丸皿で、和洋問わず使える。室生窯皿2420円～ 4 訪れる人を和ませてくれるオーナーとのトークも楽しい

全部揃えたくなるかわいい器の世界

craft・gift ヤッチとムーン

くらふと・ぎふと やっちとむーん

MAP P112C4

やちむん初心者でも親しみやすいキュートなデザインを多数取り揃えている。フキダシコメントをつけるなど、ユニークなディスプレイにも注目したい。DATA ☎098-988-9639 ㊟那覇市壺屋1-21-9 ㊋ゆいレール牧志駅から徒歩13分 ㊐10～19時 ㊡無休

1 沖縄の鮮やかな海を思わせる青い海シリーズのカップ。青い海フリーカップ2530円 2 立体的なクマがのった小皿、アクセサリー置きにも。クマのすみか3520円 3 手ごろなサイズでさりげない水玉模様がステキな7寸プレート。3740円～ 4 女子力がアップしそうな、かわいらしい形のやちむんが並ぶ

父と息子の共演!伝統を継承する親子窯

手作り陶房 んちゃぜーく

てづくりとうぼうんちゃぜーく

MAP P112D4

南城市で作陶する石倉さん親子による「陶房みんどぅま」のギャラリー＆ショップ。伝統の技を駆使しながらも、やわらかさを感じる絵付けは、現代の食卓にすんなりと溶け込む。DATA ☎090-9786-7631 住那覇市壺屋1-21-12 交ゆいレール牧志駅から徒歩15分 時10時～18時30分 休水曜

1 茶碗や急須など、普段づかいできる商品が多い 2 足が付いているので安定感バツグンの急須6000円 3 煮物などにもぴったりな、力強くどっしりとした6寸皿2000円 4 重ね焼きを施した丈夫なまかい(お茶碗)1300円

\焼き物を作ろう!/

講師に習って、自分だけのやちむん作り。シーサー作り、ロクロ成形などコースも多彩。好みのアイテムを製作して持ち帰るのが楽しみ!

壺屋焼窯元育陶園 やちむん道場

つぼややきかまもと いくとうえん やちむんどうじょう

MAP P112C3

「guma guwa(ぐまー ぐわー)」(→P39)同様、壺屋を代表する老舗窯元・育陶園の直営店。陶芸体験ができる。シーサーづくり(60～90分3300円)など、短い時間で簡単に作ることができ、仕上がった作品は1～2ヶ月後に郵送で受け取れる。

DATA ☎098-863-8611 住那覇市壺屋1-22-33 交ゆいレール牧志駅から徒歩15分 時10時～17時30分(16時最終受付) 休無休※年始は要問合せ

1 店の外で、シーサーがお出迎え 2 シーサー体験やろくろ体験など、自分の好みで選べる

さわやかな朝を彩るすてきなアイテム

guma guwa

ぐまー ぐわー

MAP P112C3

「壺屋焼窯元 育陶園」の直営店。育陶園が手がけるブランド、モーニングシリーズを販売。やさしいタッチの絵柄が多く、朝の食卓を華やかにしてくれる。DATA ☎098-911-5361 住那覇市壺屋1-16-21 交ゆいレール牧志駅から徒歩13分 時10時30分～18時30分 休無休

1 正方形角皿3850円。玉子料理やパンなど、何を盛り付けても絵になる 2 エッグスタンド各1480円。シンプルカラーで使い勝手のいいキュートなアイテム 3 コロンとかわいい、普段づかいにピッタリのピッチャー3300円

沖縄文化の
ルーツを知るために
訪れたい
定番スポット!

Visiting 太古のロマンと神秘に出合える場所

琉球の歴史をみる 世界遺産・首里城公園へ

**沖縄に来たら必ず訪れたい歴史観光スポットといえば、やっぱり首里城。
青い空に映える朱色のエキゾチックな木造建築が琉球王国の歴史を伝えてくれる。**

ソロタビ Point

首里城解説会を開催

琉球王国の文化や歴史について、解説員が案内してくれる。1日4回開催(9時30分～、11時～、13時～、15時～)で各40分程度、定員各45名程度。予約不要だが、開催状況については公式HPで要確認。

首里城公園の見学アドバイス

首里城正殿火災と現在の見学区域

2019年10月、首里城正殿の火災が発生。有料区域である正殿や収蔵していた文化財の一部などが焼失した。2019年12月現在では一部の無料区域の見学が可能となっている。首里城公園入口にあるインフォメーションセンター首里杜館(すいむいかん)や県営駐車場、有料区域に近い広福門までが開放されている。

散策のポイント

首里城復興モデルコースを散策するのがおすすめ。主要スポットを短時間で巡る「早回りコース」、首里城公園を一周する「首里城一周 / 首里まちまーいコース」、沖縄の風景を一望できる「首里城公園ビュースポットコース」の3コースがある。詳細は公式HPで確認。

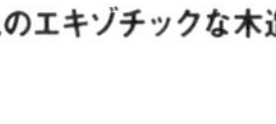

早回りコースは旅行者にもおすすめ

首里城写真パネル展開催

首里城公園内にある首里杜館(すいむいかん)の地下1階ビジターロビーでは、首里城正殿をはじめ、焼失前の首里城公園の様子を写真パネルで紹介している。開催場所である首里杜館は、公園内の案内所として最新情報の提供やレストラン、売店などもあり休憩でも気軽に活用したい。

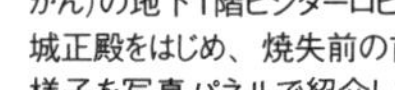
正殿や南殿、北殿など主要な有料区域の建築を振り返ることができる

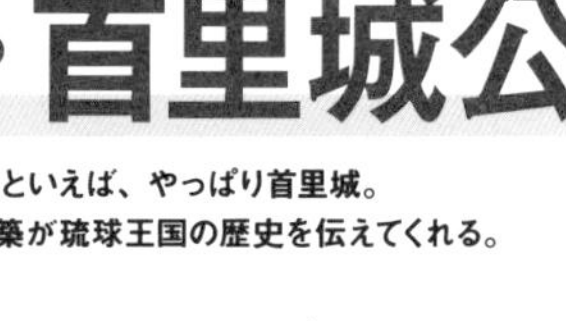

琉球王国の中心地として栄える

国営沖縄記念公園 首里城公園

こくえいおきなわきねんこうえん しゅりじょうこうえん

MAP P125A3

約450年にわたって栄えた琉球王国の中枢にして国王の居城だった首里城。2019年10月、火災で正殿をはじめ多くの建造物が焼失したが、守礼門や園比屋武御嶽石門などの一部無料区間は見学が可能。再建に向けた動きも始まっている。

DATA ☎098-886-2020(首里城公園管理センター) 住那覇市首里金城町1-2 交ゆいレール首里駅から徒歩15分 料有料区域入館820円 ※2019年12月現在、有料区域の立ち入りは制限されています 時8時～19時30分(7～9月は～20時30分、12～3月は～18時30分) 休7月の第1水曜とその翌日 URL oki-park.jp/shurijo/ ※見学区域などの最新情報は公式HPで要確認

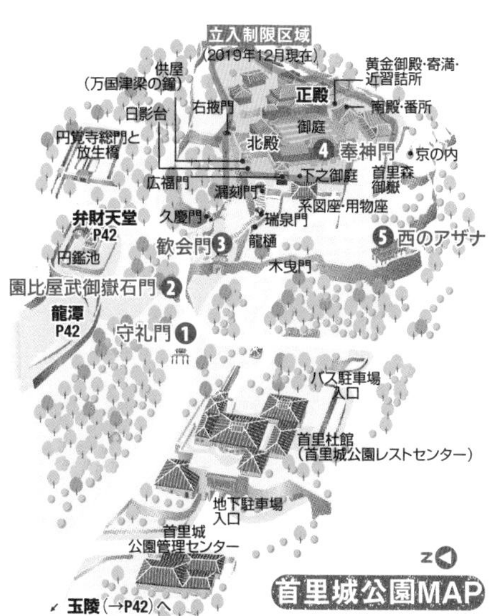

公開エリアを散策

1 守礼門
しゅれいもん

赤瓦が目を引くこの門は、見学者が最初にくぐる首里城への玄関口。1527～55年の第二尚氏4代目・尚清王代に創建された

2000円札の絵柄でも有名だ

2 園比屋武御嶽石門
そのひゃんうたきいしもん

世界遺産

琉球の信仰における聖域でもある御嶽（うたき）を拝礼するために造られた礼拝所。当時は琉球国王が外出する際にここで安全祈願を行ったという。

琉球の石造建築物の代表的なものとして知られている

3 歓会門
かんかいもん

首里城内へ入る第一の正門。歓迎を意味する「歓会」の名がつけられ、別名「あまへ御門」。「あまへ」とは琉球の言葉で"喜ばしいこと"を指す。

石のアーチ状の城門の上に木造の櫓(やぐら)が載せてある

4 奉神門
ほうしんもん

正殿のある御庭へ至る最後の門。3つの入口が設けられ、向かって左は薬や茶、たばこなどの出納を行う部屋「納殿」、右は城内の儀式の際に使われた「君誇」。

中央の入口は、国王や冊封使など限られた身分の高い人だけが通れた

5 西のアザナ
いりのあざな

城郭の西側、標高約130mの場所に築かれた物見台。那覇市街や、遠くは慶良間諸島まで見渡せる絶景スポットだ。

ベンチがあり、ゆっくりと景色を楽しむことができる。夜景もおすすめ

Visiting 極彩色の王朝へタイムトリップ！

沖縄情緒あふれる 古都・首里さんぽ

ソロタビPoint

懐かしい街並みを歩く

街には緑があふれ、赤瓦の建物や石畳の連なる歴史情緒漂う街並みが魅力。首里城公園を一周するようなイメージで散策すると効率よく巡れる。

首里城公園を中心に広がる琉球王朝の面影残る歴史エリアを散策したい。琉球王の眠る世界遺産・玉陵や、自然豊かな龍潭など王朝ゆかりの歴史スポットを巡りたい。休憩するなら泡たっぷりの伝統茶「ぶくぶく茶」も味わってみよう。

中国からの使者をもてなした名勝池

龍潭

りゅうたん

MAP P125A2

1427年に造営された人工池。首里城の北側にあり、琉球王国時代には中国皇帝の使者・冊封使をもてなす場として舟遊びや宴が行われた。池ではカモ科の鳥・バリケンの姿が見られ、緑豊かな遊歩道は散策も楽しめる。

DATA ☎098-886-2020（首里城公園管理センター）住那覇市首里真和志町 交ゆいレール首里駅から徒歩15分 料時休見学自由

県道29号側は絶好の撮影スポットとして知られている

コースチャート

ゆいレール首里駅から徒歩15分ほどの距離に、首里城公園を中心とした多くのみどころが集まっている。

1. 龍潭
2. 弁財天堂
3. 玉陵
4. 首里城公園
5. 首里金城の大アカギ
6. 金城大樋川
7. 首里金城町石畳道

歴代琉球国王が眠る県下最大の墓地

玉陵

たまうどぅん

世界遺産

MAP P125A3

1501年、琉球王国の第3代国王・尚真王が父・尚円王の遺骨を改葬するために創建した陵墓。緑に囲まれた墓には3つの墓室があり、かつては東室に王と王妃、西室には限られた親族の遺骨が葬られた。

DATA ☎098-885-2861 住那覇市首里金城町1-3 交ゆいレール首里駅から徒歩15分 料入場300円 時9時～17時30分最終入場 休無休

3つに分かれたうち中央の部屋は、遺骸を置いて洗骨する場

航海安全の女神を祭るお堂

2 弁財天堂

べざいてんどう

MAP P125A3

16世紀に尚真王によって創建された、航海安全の女神・弁財天を祭るお堂。周囲の池は円鑑池とよばれ、首里城内の湧水や雨水を集める貯水池として造られた。弁財天堂に渡る小さな橋、天女橋は国の重要文化財に指定。中国式のアーチ形と欄干に施されている蓮の彫刻が特徴的だ。

DATA ☎098-886-2020（首里城公園管理センター）住那覇市首里真和志町 交ゆいレール首里駅から徒歩15分 料時休見学自由

天女橋では、石の欄干に施された蓮の彫刻も必見

建物は沖縄戦で全焼したが、1968年に復元している

激しい戦火を免れた樹齢200年以上の老木

5 首里金城の大アカギ

しゅりきんじょうのおおあかぎ

MAP P125A3

首里金城町石畳道の脇にある小道を進むと、『琉球国由来記』にも登場する古い祭礼施設・内金城嶽が現れる。その境内に樹齢200年以上と伝わる5本のアカギの大木が自生し、周囲には神聖な空気が漂っている。

DATA ☎098-917-3501(那覇市市民文化部文化財課) 住那覇市首里金城町 交ゆいレール首里駅から徒歩15分 料時休見学自由

1972年に国の天然記念物に指定された

琉球の歴史を肌で感じる

4 国営沖縄記念公園 首里城公園

こくえいおきなわきねんこうえん しゅりじょうこうえん

MAP P125A3

沖縄に来たら必ず訪れたい歴史観光スポット。2020年1月現在、見学できる無料区間の散策がおすすめ。琉球の歴史を感じるみどころや絶景などが盛りだくさん。DATA →P40

公園内にそびえる守礼門

神様も祭られる村の共同井戸

6 金城大樋川

かなぐすくうふひーじゃー

MAP P125A3

首里金城町石畳道の途中にある井戸。約10㎡の石積みを施した半月形の貯水池の両側にはかけ樋があり、岩盤の奥の地下水を引く仕組みになっている。

DATA ☎098-917-3501(那覇市市民文化部文化財課) 住那覇市首里金城町 交ゆいレール首里駅から徒歩15分 料時休見学自由

石積みは「あいかた積み」とよばれる頑丈な造りになっている

琉球王国当時は約10kmほどあったといわれる真珠道

かつて国王も通った石畳の古道

7 首里金城町石畳道

しゅりきんじょうちょういしだたみみち

MAP P125A3

首里城から南部に続く主要道・真珠道として、16世紀中ごろに整備された石畳の道。沖縄戦でほとんどの道が破損したなか、約300mの区間が戦火を免れ当時の面影をとどめる。

DATA ☎098-917-3501(那覇市市民文化部文化財課) 住那覇市首里金城町 交ゆいレール首里駅から徒歩15分 料時休見学自由

\ひと休みスポットはこちら/

カフェ 琉球王朝時代から伝わるお茶

ぶくぶく茶専門店 古都首里嘉例

ぶくぶくちゃせんもんてん ことしゅりかりー

MAP P125A2

王朝時代から福を呼ぶ縁起物と伝えられる伝統茶・ぶくぶく茶を提供する老舗。ぶくぶく茶とは、炒った米を湧水で煎じ茶せんで立てた泡をお茶の上にのせたもの。泡は自分で立てることができ、お茶は玄米やゴーヤーなど10種類ある。

DATA ☎098-885-5017 住那覇市首里池端町9 交ゆいレール首里駅から徒歩15分 時10時～17時30分LO 休火・水曜

龍潭のほど近くにあり気軽に立ち寄れる。テラス席も人気

日替わりの琉球生菓子が付くぶくぶくちゃセット1200円。お茶の上にピーナッツ入りの黒糖をふりかけて味わう

食べる もっちり自家製手打ち生麺

首里ほりかわ

しゅりほりかわ

MAP P125A2

首里城公園からほど近い住宅街で営む沖縄そば店。注文を受けてから生麺をゆでるなど、こだわりがたくさん。やんばる島豚のだしとカツオをブレンドしたスープは、さっぱりとした上品な味わいが堪能できる。

DATA ☎098-886-3032 住那覇市首里真和志町1-27 交ゆいレール首里駅から徒歩15分 時11～16時(売り切れ次第終了) 休木曜

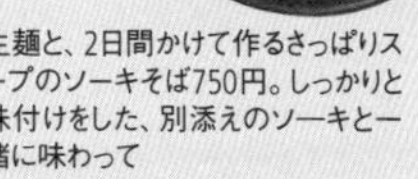
生麺と、2日間かけて作るさっぱりスープのソーキそば750円。しっかりと味付けをした、別添えのソーキと一緒に味わって

木目調の落ち着いた店内。ランチに訪れる人も多い

Shopping

定評がある琉球の味をお持ち帰り♪

タウン&空港でGET! おいしい定番みやげ

ちんすこうや紅いもタルトなどの定番みやげは、贈りものとして喜ばれること間違いなし！限定商品もあるので、どこで購入できるのかチェックしておこう。

いろいろな味を楽しもう♪

A 小亀六角箱
648円(24個入り)

プレーン、黒糖、紅イモ、海塩、ごま塩、チョコの6種類のちんすこうがひと箱に入ったお得なセット

最高級の素材でつくられた味

B くがにちんすこう
864円(16枚入り)

手作業で焼き上げ、シンプルだが上品な味わい。コーヒーやお茶との相性もいい

ソロタビPoint

みやげは最後に

沖縄で一番賑やかな繁華街国際通りには、品揃え豊富なお店が集まっている。また空港でも限定の人気みやげを購入することができるので、旅の最後にまとめ買いするのがおすすめ。

C 華紫（はなむらさき）
648円(8個入り)

梅の花をかたどったかるかん。山芋を練り込んだ生地が特徴

C 紅包（べにづつみ）
1252円(12個入り)

サツマイモと紅いもを使ったスイートポテト。しっとりとした、芋本来の味が楽しめる

デザートにもお茶受けにもぴったり

A 伝統の味 新垣ちんすこう
1080円(18袋入り)

伝統にこだわった王道のちんすこう。小麦粉、砂糖、ラードを主原料に上品な味わいに仕上げた逸品

製造ラインの見学もたのしい

C 御菓子御殿 国際通り松尾店

おかしごてん こくさいどおりまつおてん

MAP P113B3

紅いもタルトを中心に、さまざまな紅いも菓子を展開するショップ。店内では、紅いもタルトの製造ラインも見学できる。DATA ☎098-862-0334 住那覇市松尾1-2-5 交ゆいレール県庁前駅から徒歩3分 時9～22時 休無休

豊富な品揃えがうれしい

B わしたショップ 国際通り店

わしたしょっぷ こくさいどおりてん

MAP P113B3

沖縄県産品のアンテナショップ。お菓子や泡盛、伝統工芸品、コスメなど、あらゆる分野の商品が集結。DATA ☎098-864-0555 住那覇市久茂地3-2-22 交ゆいレール県庁前駅から徒歩3分 時10～22時 休無休

歴史を感じさせる上品な味

A 新垣ちんすこう本舗

あらかきちんすこうほんぽ

MAP P113B2

明治41年(1908)創業のちんすこう本家本元。琉球王朝時代から受け継ぐ伝承の味を今も残す一方、オンラインでの販売、発送も行っている DATA ☎098-867-2949 住那覇市牧志1-3-68 交ゆいレール牧志駅から徒歩9分 時9時30分～21時 休無休

F クリームバウム
各648円(直径約9cm)

那覇空港限定商品。生地の中央には、紅芋・黒糖・ハチミツを使った餡と生クリームが、たっぷりのっている

B フルーツちんすこう
594円(20個入り)

マンゴーとパイナップルのドライフルーツ果肉をちりばめた、新食感のちんすこう

E 紅いもクランチチョコレート
702円(130g)

ロイズ石垣島の人気商品。アーモンドとアーモンドパフを加えて香ばしさをプラス

E 黒糖クリームショコラサンド
421円(3個入り)

ラムレーズンと黒糖クリームをさくさくサブレでサンドし、チョコレートで包み込んでいる

E 雪塩ちんすこう
594円(2個×12袋入り)

宮古島の塩ブランドの「雪塩」を生地に練り込んだちんすこう

E 堅あげポテト 沖縄シークヮーサー味
648円(6袋入り)

カリカリ食感のポテトを噛めば噛むほどシークヮーサーの香りと酸っぱさが口いっぱいに広がる!

D 紅いもスイートポテト
1080円(6個入り)

沖縄の自然が育んだ紅芋とさつまいもを使用し、濃厚な風味が人気

沖縄のバウムクーヘン専門店

F ふくぎや那覇空港店

ふくぎやなはくうこうてん

MAP P111A3

沖縄産の黒糖、紅芋、蜂蜜、卵をふんだんに使用して、丁寧に焼き上げたバウムクーヘンが人気。那覇空港限定のクリームバウムもある。DATA ☎098-840-1823 住那覇市鏡水150那覇空港国内線ターミナル2階 交ゆいレール那覇空港駅から徒歩3分 時6時30分～20時30分 休無休

商品数約8000点!

E おきなわ屋本店

おきなわやほんてん

MAP P113B3

沖縄のすべてが詰まったような、あたかも百貨店みたいなショッピングスポット。菓子や泡盛をはじめ、沖縄限定キャラクター商品まであらゆるものが豊富に揃う。DATA ☎098-860-7848 住那覇市牧志1-2-31 交ゆいレール県庁前駅から徒歩10分 時9時30分～22時 休無休

沖縄で有名なロイヤルのパンもGET!

D ロイヤルベーカリーショップ那覇空港店

ろいやるべーかりーしょっぷなはくうこうてん

MAP P111A3

那覇空港限定で発売されている紫いもスイートポテトが大人気。おみやげとしても喜ばれること間違いなし。DATA ☎098-858-7183 住那覇市鏡水150那覇空港 国内線ターミナルビル2階 交ゆいレール那覇空港駅から徒歩3分 時6時30分～20時30分 休無休

那覇・首里の

ソロタビグルメ

沖縄でいちばんの繁華街がある那覇を中心に、流行最前線のドリンクスタンドや、ひとりでも気軽に立ち寄れるカフェやレストランが豊富に集まっている。

チューイチョークが手がける焼きたてのベーカリー

[oHacorte Bakery]

[おはこるて べーかりー]

MAP P113A4

県内にファンを多くもつフルーツタルト専門店[oHacorté]（→P74）の姉妹店。店内で焼き上げるパンは常時20種類以上。モーニングタイムにはフレンチトーストをはじめ、スープセット702円などが味わえる。DATA ☎098-869-1830 住那覇市泉崎1-4-10 交ゆいレール県庁前駅から徒歩5分 時7時30分～21時 休不定休

カウンター席 5席

1 旧公証人役場をおしゃれにリノベーション 2 レンガや木目を基調とした落ち着いた空間 3 フレンチトーストレモンシュガー1045円。シュガーをたっぷりまぶしたフレンチトーストに搾ったレモンの酸味が絶妙にマッチ

華麗な技で焼き上げる上質ステーキに舌鼓

サムズマウイ久茂地店

さむずまういくもじてん

MAP P113B1

鉄板ステーキをメインに展開し、目の前で調理するパフォーマンスが楽しめるのは県内5店舗。店ごとにテーマがあり、それぞれ違う雰囲気が楽しめる。容器が持ち帰れるオリジナルカップ付トロピカルドリンク1058円も旅の思い出に頼んでみたい。DATA ☎098-862-9085 住那覇市久茂地2-15-3 交ゆいレール美栄橋駅から徒歩5分 時17時～22時30分LO 休無休

カウンター席 あり

1 目の前で繰り広げられるパフォーマンスは必見! 2 最上質サーロインステーキミディアムカットM2754円。スープ、サラダ、パンorライス付き。鉄板ではシンプルに塩コショウで調理。3種の特製ソースがステーキの味をさらに引き立てる

島素材と島スパイスで食の新発見を！

ピパーチキッチン

ぴぱーちきっちん

MAP P111B2

八重山地方のスパイス、ピパーチで味を調えたメニューを提供する。ハンバーグや島魚、島豚などメイン料理に、付け合わせのサラダやマリネといった島野菜もたっぷり味わえる。手作りの温もりある器で見た目も楽しませてくれる。DATA ☎098-988-4743 住那覇市西2-6-16 交ゆいレール旭橋駅から徒歩10分 時11時～15時30分LO（土・日曜、祝日は18～21時LOも営業） 休金曜

カウンター席 6席

1 カフェのようなオシャレな店内 2 トマトと焦がしチーズのハンバーグ930円（夜は990円）。ピパーチと塩のみで味付けしたハンバーグは肉汁とチーズが絶妙

地域愛から生まれた珠玉のビール

浮島ブルーイングタップルーム

うきしまぶるーいんぐ たっぷるーむ

MAP P112C3

学生時代から「浮島」地区に住んでいたという店主。並々ならぬ浮島愛とビール好きが高じてクラフトビールの店をオープン。「ビールを巡る冒険」をコンセプトに、浮島IPAなど多品種のビールを提供し、さまざまな味を楽しめるよう工夫している。DATA ☎098-894-2636 住那覇市牧志3-3-1水上店舗第二街区3階 交ゆいレール牧志駅から徒歩10分 時17時～21時30分LO 休水曜

カウンター席 6席

1 浮島ゴールデン107 825円。苦みの効いた硬派な味わい。ずっしりとしたボディながらさわやかな風味が印象的。写真奥は浮島フィッシュ&チップス880円 2 築50年を超える建物をリノベしスタイリッシュな雰囲気

麺のつなぎに木灰汁を使う そば作りの原点を受け継ぐ

琉球古来すば 御殿山 首里本店

りゅうきゅうこらいすば うどぅんやま しゅりほんてん

MAP P110D1

築150余年の古民家で、琉球王朝時代の面影を感じながら、伝統の味わいが楽しめる沖縄そば店。こだわりの麺は、ガジュマルの木の灰汁を使用する昔ながらの製麺法を採用している。純麺と胚芽麺から選ぶことができるこだわりも。DATA ☎098-885-5498 住那覇市首里石嶺町1-121-2 交ゆいレール石嶺駅から徒歩5分 時11時30分～15時30分LO 休月曜(祝日の場合は営業)

カウンター席 あり

1 首里の高台にある赤瓦屋根の古民家。周りは美しい緑に包まれている 2 沖縄そば(中)780円。カツオをふんだんに生かしたスープが自家製麺を引き立てる。写真は胚芽麺を使用

旬のフルーツの恵みたっぷり

フルーツとサンドのお店 La cuncina

ふるーつとさんどのおみせ ら くんちーな

MAP P112C4

フルーツサンドやスムージーが絶品のフルーツパーラー。甘さ控えめの生クリームと、フレッシュな果物の酸味が相性抜群のフルーツサンドはファンが多い。季節のフルーツを使用したスムージーなど、見た目も味わいも楽しめるメニューに注目。DATA ☎098-851-7422 住那覇市樋川2-3-1 107-2 交ゆいレール牧志駅から徒歩12分 時9～18時 休月曜、不定休 カウンター席 5席

1 グラスから見えるハートのイチゴがキュートなイチゴたっぷりミルクスムージー450円 2 ナチュラルな雰囲気の店内。のんびり過ごせるテラス席もある

八重山料理と島唄ライブ

あっぱりしゃん

あっぱりしゃん

MAP P113A2

沖縄料理をはじめ、離島の八重山地方の食材を使った郷土料理が味わえる。毎日19～20時ごろには、八重山民謡の歌い手である店主が島唄ライブを披露。アップテンポから心に沁みる曲まで初心者でも気軽に楽しめるラインナップ。DATA ☎098-861-1112 住那覇市久茂地3-23-8 2階 交ゆいレール県庁前駅から徒歩4分 時17時30分～午前1時 休無休、ほか臨時休業あり

カウンター席 あり

1 お酒に合うトーフヨー518円。泡盛がグイグイすすみそう 2 沖縄のポピュラーな家庭料理、ヒラヤーチ734円

島食材の魅力を再発見できる食堂

食堂faidama

しょくどうふぁいだま

MAP P112C3

島の食材にもっと親しんでほしいと、調理法に工夫を凝らした2週替わりのメニューを考案。父畑(ちちはる)と名付けた父親の畑で育てた野菜を使用するなど、食材選びも徹底している。DATA ☎098-953-2616 住那覇市松尾2-12-14 交ゆいレール牧志駅から徒歩10分 時11～15時(売り切れ次第閉店)、17時30分～20時LO(土曜のみ) 休月・火曜 カウンター席 4席

お野菜とスープの定食1320円。彩り鮮やかな島野菜とかぼちゃのスープなど前菜付き

豆の個性を丁寧に引き出した極上のコーヒーを

TAMAGUSUKU COFFEE ROASTERS

たまぐすく こーひー ろーすたーず

MAP P112C3

常時7〜8種類の豆を用意し、オーナー自ら焙煎。豆によってペーパーフィルターの折り方を変えたり、風味によって器を選ぶなど、コーヒーへのこだわりが随所にうかがえる。ワッフルなど軽食と一緒に優雅なコーヒータイムを過ごしたい。DATA ☎098-988-4566 住那覇市松尾2-19-39 交ゆいレール牧志駅から徒歩11分 時9〜18時 休火・金曜 カウンター席 なし

1 写真家でもあるオーナーのセンスが光る店内 2 マンションの1階にあるおしゃれな店 3 コーヒー450円。豆によって焙煎時間を調節。オーナーの技が光る 4 黒板の解説を読みながら、丁寧に抽出される特別のコーヒーを待つのも楽しい

気軽にテイクアウトしてピクニック気分を味わって

YES!!! PICNIC PARLOR

いえす!!! ぴくにっく ぱーらー

MAP P117A3

「海外旅行に出かけた際、芝生の上でピクニックをしている人を見て感動した」ということから店をオープン。油みそカツサンド680円などごはん系からフルーツ系までサンドイッチは常時13種類。ポップカラーのクリームソーダなど写真映えするドリンクも人気。イートイン可。DATA ☎098-943-5806 住那覇市安謝183 交ゆいレール古島駅から徒歩30分 時10〜19時(日曜は〜17時) 休月曜 カウンター席 4席

1 クリームソーダ各680円。ポップな店内で楽しみたい、カラフルなクリームソーダ。フラッグがかわいい 2 アメリカの小さなお店をイメージしたという外観

島食材のうま味をギュッと凝縮

ON OFF YES NO

おん おふ いえす のー

MAP P112C4

コールドプレスジュース専門店。水分や熱を加えず果汁、野菜汁のみを搾っているため栄養たっぷり。定番ジュースブレンドほか期間限定のメニューやスムージーもある。DATA ☎098-987-4143 住那覇市樋川2-1-23 交ゆいレール牧志駅から徒歩15分 時7〜17時 休月・火曜(祝日の場合は営業) カウンター席 なし

1 沖縄産ニンジンを中心としたブレンド。血行促進、代謝アップを目指す人へ。ブロンズ800円 2 緑黄色野菜と果物たっぷりの見た目にもおいしいスムージー。ベジ・レインボー900円 3 トロピカルフルーツを使用したフルーティなスムージー。オキナワ・サン900円 4 店は天井が高く開放的な雰囲気

噂の人気パンケーキ

C&C Breakfast Okinawa

しーあんどしー ぶれっくふぁすと おきなわ

MAP P112C3

「旅先で食べるおいしい朝食」をコンセプトに、市場直送の新鮮野菜を使ったハワイのモーニングメニューが並ぶ。パンケーキのほか、サンドイッチも人気。DATA ☎098-927-9295 住那覇市松尾2-9-6タカミネビル1階 交ゆいレール牧志駅から徒歩8分 時9～14時LO(土・日曜、祝日は8時～) 休火曜 カウンター席 なし

1 フルーツスペシャル1540円。口どけ抜群のスフレパンケーキはフルーツ盛りだくさん 2 おしゃれな雑貨がディスプレイされた爽やかな空間

新感覚のそば屋が今アツイ！

OKINAWA SOBA EIBUN

おきなわ そば えいぶん

MAP P112C4

豚ガラを約8時間じっくり煮込み続け、カツオ節・昆布の一番だしと合わせた無添加でやさしい味わいのスープは最後の一滴までおいしい。DATA ☎098-914-3882 住那覇市壺屋1-5-14 交ゆいレール牧志駅から徒歩10分 時11時30分～16時LO 休水曜、月1～2回連休あり カウンター席 10席

1 パクチー好き必食の、牛もやしそばパクチーまみれ950円 2 おしゃれな雰囲気の店内はカウンター席など一人席も多く入りやすい 3 イラストが描かれたハイセンスな外観

お茶の新しい楽しみ方を提案

Pearllady CHA BAR

ぱーるれでぃ ちゃ ばー

MAP P113A4

沖縄OPA内にあるお茶の専門店。日本国内で自社生産するタピオカは、防腐剤不使用でできたての生タピオカが魅力。上質な味わいを堪能できる。DATA ☎098-894-8696 住那覇市泉崎1-20-1カフーナ旭橋A街区2F 交ゆいレール旭橋駅から徒歩3分 時10時～20時30分LO 休那覇OPAに準ずる カウンター席 3席

左から霧抹茶ミルク（濃霧）420円、フルーツ泡茶（ローズヒップ）390円、茶ラテ370円などバリエーション豊富

ビジネス街のオアシス的ダイナー

CENTRO

ちぇんとろ

MAP P113A4

店の看板に灯がともると、仕事帰りの会社員がその日の疲れをとりに、夜な夜な足を運ぶおしゃれなダイニングバー。居心地の良さに、ついつい長居してしまいそう。料理の種類も豊富なので、しっかり食事をとることも可能。DATA ☎098-943-1345 住那覇市泉崎1-5-13 交ゆいレール旭橋駅から徒歩7分 時18時～午前1時(24時LO)、金・土曜は～午前3時 休日曜(月曜が祝日の場合は営業、月曜休み) カウンター席 12席

看板メニューのチェントロフライドチキンは2ピース530円。つい手が伸びる一品

自然のなかで飲む特別な一杯

珈琲屋台ひばり屋

こーひーやたいひばりや

MAP P112C3

「COFFEE」のロゴが目印のアーチをくぐると、心地よい風が吹くガーデンに手作り屋台のコーヒー店が。沖縄の空の下で、本格コーヒーを楽しもう。DATA ☎090-8355-7883 住那覇市牧志3-9-26 交ゆいレール牧志駅から徒歩5分 時10時30分～19時 休不定休 カウンター席 あり

深煎りアイス珈琲380円。スッキリとした苦みと心地よい余韻が楽しめる。オープン当初からの定番メニュー。ハンドドリップ珈琲450円。県外のおいしい自家焙煎店のコーヒー豆をオーダーごとにミルで挽いてドリップ

那覇・首里の
ショッピング

那覇でのお買い物といえば国際通りとその周辺の路地にたたずむショップがおすすめ。沖縄らしい名産やマリングッズなどを持ち帰りたい。

ナチュラルでかわいいリゾートアイテム
Splash Okinawa2号店
すぷらっしゅ おきなわ にごうてん

MAP P113B3

波の音が聞こえてきそうな店内に、沖縄らしさがギュッと詰まった、ときめき度満点の雑貨がずらり。天然の貝や星砂などを用いたアクセサリーをはじめ、リゾート気分を盛り上げるワンピースも人気。DATA ☎098-988-1238 住那覇市松尾1-3-1 交ゆいレール県庁前駅から徒歩5分 時10〜22時 休無休

1 自社工房でひとつひとつ手作りされているアイテムが並ぶ 2 シャイニーフォトケース 2200円。貝やヒトデでデコレーションしたiPhoneケース(iPhone6〜8対応)。全5種 3 ヘッドの中に、小さなヒトデや貝、星砂、暗闇で光る蓄光石を閉じ込めたベビーシェルヘアゴム 各902円

水族館オリジナルグッズを那覇でGET
沖縄美ら海水族館 アンテナショップ うみちゅらら 国際通り店
おきなわちゅらうみすいぞくかん あんてなしょっぷ うみちゅらら こくさいどおりてん

MAP P113B3

国際通りに面した立地にある公式アンテナショップ。店内には、オリジナルグッズが豊富に並ぶほか、大型スクリーンで水族館について知れる美ら海mini体験や、やんばるコーナー、水族館の案内情報などもあり、「見て・買って・食べて」楽しめる名所だ。。DATA ☎098-917-1500 住那覇市久茂地3-2-22 JAドリーム館2F 交ゆいレール県庁前駅から徒歩4分 時10〜22時 休無休

1 ジンベイザメやエイやイルカがデザインされた和紙マスキングテープ各275円 2 ねむたんジンベエザメぬいぐるみ2363円

バリエーション豊富な沖縄産黒糖を選ぼう
黒糖屋
こくとうや

MAP P112C2

2009年にオープンして以来、作り手の想いが込められた県産の無添加手作り黒糖を扱うアンテナショップ。黒糖を専門で扱っているため、ここでしか手に入らないものも多くある。DATA ☎098-861-4411 住那覇市牧志1-3-52 交ゆいレール牧志駅から徒歩7分 時11〜22時 休無休

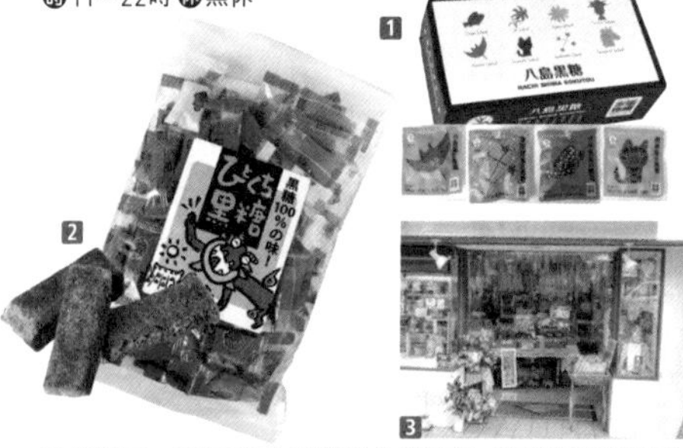

1 沖縄の8つの島で作られる黒糖詰合せ775円。島の自然や芸能文化をモチーフにしたパッケージ 2 手に入りにくい伊平屋(いへや)産の黒糖が食べやすいサイズになっている。570円。70袋以上入っているのでみやげに◎ 3 沖縄県産みやげが揃うので重宝する

海の成分をギュッと凝縮
宮古島の雪塩 国際通り店
みやこじまのゆきしお こくさいどおりてん

MAP P113A3

透明度の高い宮古島の海の恵み、雪塩を使ったお菓子などを扱うアンテナショップ。海の恵みを詰め込んだ塩スイーツをはじめ、肌に直接与える「塩美容」コスメなどが多数揃う。DATA ☎098-860-8585 住那覇市久茂地3-1-1 交ゆいレール県庁前駅から徒歩3分 時10〜22時 休無休

1 表面に砂糖と雪塩をちりばめた、カステラ生地の卵とバター風味のラスク1080円 2 低温でじっくり焼いたメレンゲの菓子ふわわ250円。雪塩が隠し味になっているため、より甘みとコクが引き立つ 3 全国でも人気の商品がずらりと並ぶ

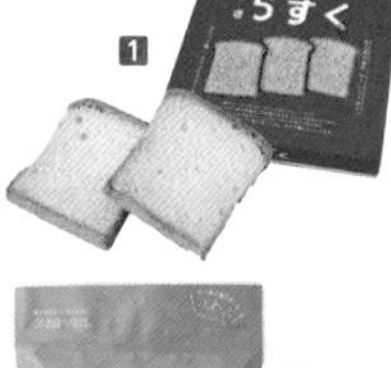

手仕事から生まれたほっこりかわいい雑貨たち

tuitree

とぅいとぅりー

MAP P113B2

沖縄で活躍するアーティストの作品を中心に、海外で買い付けた雑貨なども扱う。琉球ガラスや金細工といった伝統的な工芸品もあり、現代的なセンスを感じる小粋な作風が魅力だ。DATA ☎098-868-5882 住那覇市牧志1-3-21 交ゆいレール美栄橋駅から徒歩6分 時12～19時 休水・木曜(臨時休業あり)

1 築50年余りの民家を改装した店内に所狭しと作品が並ぶ 2 ペンケース 1944円。MIMURIの作品。沖縄の植物をモチーフにした華やかなデザイン 3 ヘアゴム各1620円。NeNeの作品。色とりどりのガーゼやコットンが目を引く髪飾り

素朴な味わいの本物琉球菓子

琉球銘菓くがにやあ

りゅうきゅうめいかくがにやあ

MAP P112C4

厳選した最高品質の原料にこだわったちんすこうや、かるかんなどの沖縄銘菓が揃う。ちんすこうなどのパッケージは紅型作家の新垣優香さんが手がけており、あたたかみのあるデザインが素敵。DATA ☎098-868-0234 住那覇市壺屋1-18-1 交ゆいレール牧志駅から徒歩10分 時10～18時 休無休

1 宮廷菓子として珍重された黄金薫餅(くがにくんぺん)540円(6個入り) 2 琉球王朝時代本来の丸形で1枚ずつ丁寧に焼き上げたくがにちんすこう864円(16個入り) 3 国際通りの路地を入ったところにある

沖縄の海を感じるアイテム

海想 平和通り店

かいそう へいわどおりてん

MAP P112C2

沖縄の自然や生き物、文化などをモチーフに、オリジナルアイテムと県内作家の作品を扱っている。普段使いできるトートバッグやステーショナリーなど、バラエティ豊富に揃う。シルバーアクセサリーも人気。DATA ☎098-862-9228 住那覇市牧志3-2-56 交ゆいレール牧志駅から徒歩10分 時9～21時 休無休

1 天然ゴム100%のビーチサンダル1980円 2 ミンサー織りや紅型など沖縄モチーフのマスキングテープ各495円

沖縄の伝統を身近に感じる

久髙民藝店

くだかみんげいてん

MAP P112C2

1969年の創業から、独自の審美眼でセレクトした焼物や染織、漆器など、沖縄の工芸を発信してきたセレクトショップ。皿や酒器のカラカラ、カップなどの焼物は、伝統的なものから若手作品まで揃う。DATA ☎098-861-6690 住那覇市牧志2-3-1 交ゆいレール牧志駅から徒歩5分 時10～22時 休無休

2 泡口巻宙吹グラス各3300円。気泡や厚みが素朴な印象の琉球ガラス 3 大人の女性を演出する紅型扇子4400円

沖縄メイドの器が並ぶ

miyagiya

みやぎや

MAP P112C3

アパレル業界で培った経験を生かし、確かな目で選んだやちむんや琉球ガラスなど、各作家の手仕事商品が並ぶ。気になる商品などを尋ねれば、店主が丁寧に教えてくれる接客も好評。同店の向かいにアパレルショップもオープン。DATA ☎098-869-1426 住那覇市松尾2-12-22／2-19-39 交ゆいレール牧志駅から徒歩11分 時12～19時 休水曜

1 あたたかみのある食器が数多く並ぶ 2 おわん 3024円。陶藝玉城の作品。登り窯で作られたもので、古陶のよさを出している

一点モノの味わいにふれる

tituti OKINAWAN CRAFT

てぃとぅてぃ おきなわん くらふと

MAP P112C3

沖縄の表現で、「ティ」は「手」を表す。陶芸、木工、紅型、織物という異なるジャンルの作り手が集まり、作り手と使い手をつなぐブランドになれるようにと発足。多様なアイテムが集まり、どれも作家の思いが込められた温かみのある一品。DATA ☎098-862-8184 住那覇市牧志3-6-37 交ゆいレール牧志駅から徒歩8分 時9時30分～17時30分 休火曜

1 自分だけの特別なみやげにぴったりのアイテムを探せる 2「紡いでいけるように」と願いをかけ、ハートを織り込んでいる。ペアで使いたい各770円

沖縄のいいものをセレクト

沖縄の風

おきなわのかぜ

MAP P112C2

店内にはオリジナル商品の琉球帆布(りゅうきゅうはんぷ)と、セレクトしたアート雑貨が並び、独創的な世界観が広がる。県内の紅型作家と組んだコラボレーション商品も人気。DATA ☎098-943-0244 住那覇市牧志2-5-2 交ゆいレール牧志駅から徒歩4分 時11～19時 休無休

1 沖縄アート雑貨が、ところ狭しと並んでいる 2 陶器に沖縄らしい柄を取り入れた、陶器のヘアゴム各880円 3 バネ口(ぐち)ポーチ3080円。沖縄の花や生き物たちを紅型で表現した作品

ひとつ先の暮らしを提案する

tous les jours

とれじゅーる

MAP P125A1

「生活の中で楽しめる暮らしの道具」をコンセプトに、沖縄作家や県外の作家の陶器、海外メーカーの日常道具を取り扱う雑貨店。店主の思いが詰まったアイテムは、暮らしに寄り添う良品ばかり。DATA ☎098-882-3850 住那覇市首里儀保町2-19 交ゆいレール儀保駅から徒歩2分 時13～17時 休日・月曜、祝日

沖縄だけにとどまらず各地からこだわりの品をセレクト

沖縄の文化を総合的に発信

ふくら舎

ふくらしゃ

MAP P112C3

桜坂劇場の2階にあり、やちむん(焼物)をはじめ、さまざまな作家のクラフト作品を販売している。1階では古本、雑貨の販売も行っている。DATA ☎098-860-9555(桜坂劇場) 住那覇市牧志3-6-10 交ゆいレール牧志駅から徒歩10分 時10～20時 休無休

沖縄の作り手たちが生み出した作品が数多く並んでいる

ゆるキャラのような張り子たち

玩具ロードワークス

がんぐろーどわーくす

MAP P112C3

「おもしろそう!」がきっかけとなり、ユニークなキャラクターを生み出してきた張り子作家・豊永盛人さん。伝統的なもののほか、愛らしい表情の動物や、空想の世界から飛び出してきたような奇想天外なキャラも登場し、見る者を和ませてくれる。DATA ☎098-988-1439 住那覇市牧志3-6-2 交ゆいレール牧志駅から徒歩9分 時10～18時 休日曜

愛嬌ある動物の張り子がかわいい!

那覇・首里の

立ち寄りSPOT

マリンブルーが美しいビーチや、島の伝統工芸を体験できる施設など、那覇市内でも沖縄らしさを存分に感じられる名所をご紹介。

沖縄の歴史とアート鑑賞

沖縄県立博物館・美術館（おきみゅー）

おきなわけんりつはくぶつかん・びじゅつかん（おきみゅー）

MAP P110C1

沖縄の歴史や文化、自然、美術がより深くわかる文化施設。OkiMu（おきみゅー）という愛称で親しまれている。沖縄県内最大の収蔵資料数を誇る。ミュージアムショップも沖縄ならではの工芸品や民芸品など、充実の品揃え。DATA ☎098-941-8200 住那覇市おもろまち3-1-1 交ゆいレールおもろまち駅から徒歩10分 料博物館530円、美術館400円（企画展別途） 時9時～17時30分最終入館（金・土曜は～19時30分最終入館） 休月曜（祝日は開館、翌平日が休館）

無料で染織物の着衣体験ができるのも魅力

中心街から近く立地のよさから人気が高い

波の上ビーチ

なみのうえびーち

MAP P111B2

那覇市内唯一のビーチで、こぢんまりしているがかねてより那覇市民の憩いの場として親しまれている。那覇空港から車で5分のため、搭乗前にひと泳ぎする観光客の姿も多い。DATA ☎098-863-7300（波の上うみそら公園） 住那覇市若狭1-25 交ゆいレール県庁前駅から徒歩15分 時9～18時（7・8月は～19時） 休4～10月期間中無休

ビーチの前にバイパスが通っているが、海は想像以上にきれいでリラックスした時間が流れる

那覇のまちぐゎーで開催

サンライズマーケット

さんらいず まーけっと

MAP P112C4

「まちぐゎーを元気に、おもしろく!」という思いからスタートしたマーケット。地元で話題のグルメや農産物、加工品、雑貨など、40あまりの店が並ぶ。お店の人との会話を楽しみながら、沖縄のいいものを探そう。DATA ☎050-3579-0844（サンライズマーケット実行委員会） 住那覇市壺屋1-6-21サンライズなは商店街 交ゆいレール牧志駅から徒歩10分 時毎月第2日曜 URL sunrisemarket.jp/

多くの人で賑わうサンライズなは商店街

中心街で工芸体験ができる

那覇市伝統工芸館

なはしでんとうこうげいかん

MAP P112C2

琉球ガラスや紅型などの5つの工芸体験が楽しめる。DATA ☎098-868-7866 住那覇市牧志3-2-10てんぶす那覇2階 交ゆいレール牧志駅から徒歩5分 料特別展示室310円、体験は1540円～要予約） 時9～17時（ショップは10～20時） 休無休（琉球ガラスは木曜、紅型は日曜、首里織は水曜）

工芸品を集めたショップも併設している

沖縄県民に崇拝される神社

波の上宮

なみのうえぐう

MAP P111B2

海に面した岩礁の上にあり、古くからニライカナイ（理想郷）信仰の聖地として、航海安全や豊穣祈願に地元の人々が訪れた。本土の神社とは異なる趣に注目したい。DATA ☎098-868-3697 住那覇市若狭1-25-11 交ゆいレール県庁前駅から徒歩15分 料時休参拝自由

赤瓦が印象的な拝殿

ひとりでも気軽に宿泊できる街のホテル

観光拠点となる那覇市内にあるホテルをピックアップ。旅の目的に合わせて好みの滞在先を選びたい。

那覇最大級の高さを誇るランドマーク

ハイアットリージェンシー 那覇 沖縄

はいあっと りーじぇんしー なは おきなわ

MAP P112C3

那覇市内で最も高層階の客室を備える18階建てのラグジュアリーホテル。琉球文化を感じさせる館内には、レストランやバー、プール、フィットネスジムなどを備えている。那覇の中心部にありながら、ハイクラスなサービスと贅沢なリゾートを楽しめる。DATA ☎098-866-8888 住那覇市牧志3-6-20 交ゆいレール牧志駅から徒歩7分 料ツイン1万6000円～ 客室数294室 URL premierhotel-group.com/okinawahyatt/

18階にあるバーは、泡盛を使用したオリジナルカクテルが楽しめる

屋外プールと隣接するジェットバス（通年）が無料で利用可能

1 沖縄の工芸品が飾られるなど、優雅な空間。快適な広さのバスルームやベッドでゆったり過ごそう 2 シンプルながら広々としたベッドが快適なツインルーム

オープンで親しみやすい交流型デザイナーズホテル

ESTINATE HOTEL

えすてぃねーと ほてる

MAP P113B1

国道58号沿いに立ち、近くにはモノレールの駅やバス停、フェリーの港など、アクセス環境抜群な立地条件。1階にはおしゃれなラウンジがあり、宿泊客だけではなく、地元の人や観光客まで多くの人が訪れる交流の場となっている。DATA ☎098-943-4900 住那覇市松山2-3-11 交ゆいレール美栄橋駅から徒歩5分 料シンプルステイプラン1泊室料7200円～ 客室数88室（全室禁煙） URL estinate.com/

1 異国の雰囲気を感じるシックなデザイナーズホテルの空間 2 沖縄食材をうまく取り込んだフードやドリンクが魅力

全部屋が異なるアートで彩られた個性豊かな空間

ホテルWBFアートステイ那覇

ほてるだぶるびーえふあーとすていなは

MAP P112C2

国際通りから徒歩1分の好立地。「文化・アートと寄り添うホテル」をコンセプトに、全客室に異なるアート作品を展示。どの部屋も豊かな個性に満ちあふれ、想像をかきたてる異空間となっている。アジア6カ国の料理が揃う、本格アジアンビュッフェの朝食も楽しみ。DATA ☎098-861-7070 住那覇市牧志1-3-43 交ゆいレール美栄橋駅から徒歩5分 料ツイン1泊朝食付1万円～ 客室数89室（全室禁煙） URL www.hotelwbf.com/artstaynaha/

1 3～10階の客室にはタイの子どもたちが描いた絵をデザイン 2 ロビーは木目調のぬくもりを感じるデザイン。壁一面にはアートが

観光レジャーの拠点として便利

ホテルグレイスリー那覇

ほてるぐれいすりーなは

MAP P113B3

全客室トイレとバスルームが独立し、ゆっくりとくつろげる。天井埋め込み型空気清浄器を設置するなど快適滞在が叶う。 DATA ☎098-867-6111 住那覇市松尾1-3-6 交ゆいレール県庁前駅から徒歩5分 料シングルルーム8000円～ 客室数198室 URL gracery.com/naha/

南国リゾート気分を満喫できる

西鉄リゾートイン那覇

にしてつりぞーといんなは

MAP P113A3

国際通りまで徒歩すぐの立地にありながら、南国リゾートを感じられるおしゃれな館内でのんびりできる。コスパのよさと清潔感がうれしい。 DATA ☎098-869-5454 住那覇市久米2-3-13 交ゆいレール県庁前駅から徒歩4分 料コンフォートシングル7500円～ 客室数250室 URL nnr-h.com/n-inn/naha/

都会の隠れ家的シティーリゾート

ザ・ナハテラス

ざ・なはてらす

MAP P110C1

那覇市内の主要観光スポットへのアクセス良好なシティリゾート。和食、洋食レストランに定評があり、ラウンジ&バーやエステも充実している。 DATA ☎098-864-1111 住那覇市おもろまち2-14-1 交ゆいレールおもろまち駅から徒歩15分 料デラックスツイン1泊朝食付1万3744円～ 客室数145室 URL www.terrace.co.jp/naha/

ニーズに合わせた客室が選べる

ワイズキャビン&ホテル那覇国際通り

わいずきゃびんあんどほてるなはこくさいとおり

MAP P113B3

宿泊スタイルに合わせて選べる客室が人気。1人でも快適なスタンダードキャビンは、女性専用があり利用しやすい。和室などの多彩な空間でリラックスできる。 DATA ☎098-869-5137 住那覇市久茂地3-9-18 交ゆいレール県庁前駅から徒歩3分 料スタンダードキャビン素泊まり4100円～ 客室数188室 URL ys-cabin.com/naha-kokusaidori/

観光拠点にぴったりの好立地

ダイワロイネットホテル那覇国際通り

だいわろいねっとほてるなはこくさいどおり

MAP P112D2

牧志駅直結のレンタカーオフィスやコンビニなどが入る商業施設にあるホテル。レディースルームなど、6タイプの部屋が揃う。 DATA ☎098-868-9055 住那覇市安里2-1-1 交ゆいレール牧志駅から徒歩1分 料スタンダードダブル7000円～ 客室数261室 URL www.daiwaroynet.jp/naha-kokusaidori/

優雅でおいしい朝食が自慢

ホテル ロコア ハナ

ほてる ろこあ なは

MAP P113A3

県庁前駅近く、国際通り入口にある好立地。オープンキッチンで作られた沖縄料理や洋食など、50種類以上のメニューが揃う朝食が人気。 DATA ☎098-868-6578 住那覇市松尾1-1-2 交ゆいレール県庁前駅から徒歩2分 料スタンダードシングル5700円～ 客室数222室 URL www.rocore.jp/

※繁忙期や曜日などによっては、ひとりでの宿泊ができない場合がありますので、事前にご確認ください

Nanbu
なんぶ

南部

斎場御嶽・平和祈念公園・糸満

沖縄祈念公園やパワースポットなど、みどころが豊富なエリア。爽やかな海カフェも点在し、沖縄らしい時間の流れを感じられる。

ソロタビ PLAN

沖縄地上戦の歴史を知る平和祈念公園や、島の伝統工芸の制作体験ができるおきなわワールドなど、のどかな時間がながれるエリアで地元の魅力を満喫したい。

所要 7時間

Start 那覇バスターミナル

↓

Solo tabi Plan

① 11:00 ひめゆり平和祈念資料館を見学する

→P61

碑資料館はひめゆりの塔と同じ敷地内に併設

沖縄戦で亡くなった「ひめゆり学徒」のための慰霊

↓

② 12:00 平和祈念公園を散策

→P60

公園内には沖縄戦の写真や遺品などを展示した平和祈念資料館がある

沖縄南部特有の「クチャ」という泥岩からできた屋根

↓

③ 14:00 ガンガラーの谷にあるケイブカフェで休憩

→P63

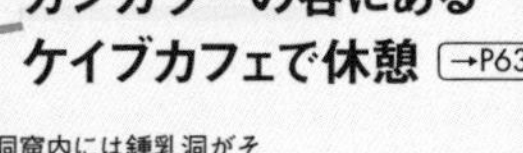

洞窟内には鍾乳洞がそのまま残るケイブカフェ。軽食やドリンクを味わいひと休み

ケイブカフェはツアーの集合場所にもなり気軽に立ち寄れる。ガンガラーの谷は予約制のツアーでのみ見学可

↓

④ 15:00 おきなわワールドで伝統文化体験

→P62

沖縄の歴史、文化、自然を体験できるテーマパーク。八重山芸能アンガマや獅子舞も披露される

国内最大規模の鍾乳洞である玉泉洞

↓

Goal 那覇バスターミナル

ココをCHECK!

沖縄南部を周遊するバスツアーに参加する

那覇バスのバスツアーに参加すれば、車がなくてもスムーズに南部エリアを巡ることができる。出発地は定期観光バス乗り場や宿泊しているホテル(対象ホテルのみ)、国際通りなどから選べる。予約についての詳細は、公式HPを確認。おきなわワールド、平和祈念公園、ひめゆりの塔、道の駅 いとまんなどの名所を訪れることができる。

ACCESS

- 那覇空港駅
  - ゆいレールで10分
- 旭橋駅
  - 徒歩2分
- 那覇バスターミナル
  - 琉球バス沖縄・沖縄バス・那覇バスで約45分、糸満ロータリーで乗換、玉泉洞行きで26分、平和祈念堂入口下車、徒歩3分
- 平和祈念公園
  - 琉球バス82系統で21分、玉泉洞前下車、徒歩1分
- おきなわワールド

☎098-840-3100
糸満市観光協会

☎098-948-4660
南城市観光協会

☎098-856-8766
豊見城市観光協会

MAP P114-115

浦添・宜野湾へ
てだこ浦西駅へ
許田ICへ
波之上宮
崇元寺石門
西原町
玉陵
首里
西原JCT
県庁前駅
首里城公園
那覇IC
沖縄自動車道
那覇空港駅
那覇市
奥武山公園
識名園
県公文書館
南風原北IC
与那原町
大嶺崎
那覇空港
ゆいレール
漫湖
那覇空港自動車道（南風原道路）
南風原町
旧海軍司令部壕
長嶺城跡
南風原南IC
大里城跡
斎場御嶽
知名崎
豊見城・名嘉地IC
冨祖崎公園
須久名山
安座真港
豊見城IC
瀬長島
那覇空港自動車道（豊見城東道路）
斎場御嶽
2 瀬長島ウミカジテラス
（☞P57・66）
豊見城市
大城城跡
ニライ橋・カナイ橋
月代宮
佐敷城跡
3 沖縄アウトレットモール あしびなー
（☞P57・67）
知念城跡
知念岬
道の駅豊崎
南城市
1 道の駅 いとまん
（☞P57・66）
ガンガラーの谷③
（☞P63）
糸数城跡
玉城城跡
糸満市
糸満ロータリー
新原ビーチ
糸満漁港ふれあい公園
南山城跡
与座岳
八重瀬町
具志頭城跡
④おきなわワールド
（☞P62）
糸満
白梅の塔
平和祈念公園
琉球ガラス村
ひむかいの塔
黎明の塔
②平和祈念公園
（☞P60）
摩文仁の丘
平和創造の森公園
具志川城跡
平和之塔
①ひめゆりの塔・ひめゆり平和祈念資料館
（☞P61）
喜屋武岬
荒崎
N
0 2km

グルメ＆おみやげ探しに便利なスポット

1 道の駅 いとまん
みちのえき いとまん

MAP P115A3

魚介類が充実の道の駅。お魚センターの賑わいはまるで競り市のよう。野菜やフルーツも揃い、ここでしか味わえない地元グルメがあるのが魅力。お魚センター内では新鮮な魚貝類の食べ歩きが楽しめる。

DATA →P66

2 瀬長島ウミカジテラス
せながじまうみかじてらす

MAP P115A2

沖縄本島から陸路で繋がっている瀬長島にある商業施設。白で統一されたおしゃれな外観で、カフェやレストラン、ショップなどが30店舗以上が入っている。景色を楽しみながら食事ができるテラス席も人気。

DATA →P66

3 沖縄アウトレットモール あしびなー
おきなわあうとれっともーる あしびなー

MAP P115A2

沖縄初の超大型アウトレットモール。国内外のブランド品だけでなく、滞在中に必要になった衣服などを格安で購入できる。

DATA →P67

Eating ロケーション自慢の特等席で島時間を過ごす

海カフェでリゾート気分を満喫！

斎場御嶽（→P8）へ行くならぜひ足をのばしてみたい絶景海カフェ。高台からマリンブルーを一望する開放的なテラス席や、フォトジェニックなカフェメニューを写真に収めたい。

ソロタビPoint

時間や季節による移ろう景色を楽しんで

澄み渡る青空、マリンブルーの海が輝くランチタイムはもちろん、夕暮れサンセットなど、さまざまな時間や季節により表情が変わる絶景を満喫しよう。斎場御嶽からバスでアクセスするカフェが多く、バスの運行本数や発着時刻に注意しながら楽しみたい。

沖縄の海カフェのなかで「先駆け」といわれる老舗。まるで一枚絵のようなきらめく海辺の風景は圧巻の美しさ

波音が店内に響き渡る空間

浜辺の茶屋

はまべのちゃや

MAP P114C3

海カフェの草分け的存在として知られるオン・ザ・ビーチのロケーションが魅力。満潮時になると店のすぐ真下まで波が打ち寄せるなど、自然と寄り添う一体感が楽しめると地元のみならず県外にも多くファンをもつ。DATA ☎098-948-2073 住南城市玉城字玉城2-1 交バス停斎場御嶽入口から南城市役所行きで14分、バス停新原ビーチ下車、徒歩9分 時10～19時LO(月曜は14時～、月曜が祝日の場合は10時～)、金～日曜は8時～モーニング営業あり 休無休

1 手作りスコーン 432円。しっとりとした食感のスコーンに生クリームやジャムをつけていただく定番人気メニュー 2 店の真下が海という好立地。砂浜につながっているので注文を待つ間に外に出るのもいい 3 沖縄フルーツと野菜のカンパーニュサンド（数量限定）594円。石窯で焼いた天然酵母パンに旬の野菜をサンド。ナッツの食感がアクセントに

視界いっぱいに広がる感動の爽快ビュー

アジアン・ハーブレストラン カフェくるくま

あじあん・はーぶれすとらん かふぇくるくま

MAP P114D4

標高140mの断崖に立ち、沖縄を代表する好ロケーション。薬草会社直営で、自家栽培の薬草を取り入れたメニューが自慢。タイ料理はタイ国政府のお墨付き。 DATA ☎098-949-1189 住南城市知念字知念1190 交🚏斎場御嶽入口から南城市役所行きで3分、🚏知念下車、徒歩9分 時10～19時LO(10～3月は～18時LO)、火曜は～17時LO 休無休

1 くるくまぜんざい 462円。ココナッツミルクのまろやかな甘さとふっくら煮立てた金時豆がベストマッチ 2 くるくまスペシャル 1727円。チキン、ポーク、ビーフと辛さの違う3種のカレーが付く。タイ風のチキンも香ばしい

本島南部の高台にあって眺めがよく、太平洋を一望できる恵まれたロケーション

ビーチの店はどこも特等席

食堂かりか

しょくどうかりか

MAP P114C3

新原ビーチで営業するネパールカレー専門店。ネパール出身の店主が腕を振るうメニューは、カレーからお酒に合う単品料理までどれも本格的なものばかり。砂浜のテーブル席で海を眺めながら食事を楽しみたい。 DATA ☎098-988-8178 住南城市玉城百名1360 交🚏斎場御嶽入口から南城市役所行きで14分、🚏新原ビーチ下車、徒歩3分 時10～20時LO 休水曜(台風、大雨時は休業)

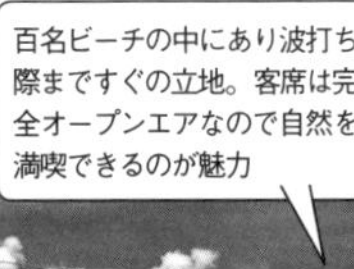

1 ほうれん草チキンカレー 1000円。ホウレン草ペーストにオリジナル配合のスパイスを加え、コクを出しマイルドな辛さに 2 ココナッツマンゴーコルフィ 500円。まろやかな甘みのココナッツとマンゴーシャーベットが絶妙。食後のデザートにぜひ

百名ビーチの中にあり波打ち際まですぐの立地。客席は完全オープンエアなので自然を満喫できるのが魅力

天空から眺めたような大パノラマ

Tenku Terrace OOLOO

てんくう てらす おーるー

MAP P114C2

南城市の高台にあり、中城湾を見下ろす光景は息をのむ美しさ。メニューも豊富に揃い、南城市特産の新鮮な野菜や果物、みやぎ農園のEM卵、自家製塩麹など、食材にこだわった料理やスーツなどが楽しめる。

DATA ☎098-943-9058 住南城市つきしろ1663 交🚏斎場御嶽入口から南城市役所行きで9分、🚏東つきしろ下車、徒歩4分 時11～18時(金曜～22時、土曜8～22時、日曜8時～)LOは閉店1時間前 休無休

ふわとろフレンチトースト 1518円(左)、ノンアルコールカクテル エメラルド770円(右)

1 見晴らしのよいテラスにも、ゆったり座れるソファが備えられている 2「オールー」は沖縄方言で「青」という意味

Visiting 戦没者の鎮魂と平和の尊さを知る

沖縄戦終焉の地 平和祈念公園で祈りを込めて

糸満市摩文仁の丘陵を南に望み、海岸線を眺望できる台地にある平和祈念公園。この地での最後の激戦を経て、沖縄戦は終局を迎えた。芝広場が広がる美しい公園に整備された現在は、地元の人の憩いの場にもなっている。

平和の丘近くにある散策道からは沖縄県平和祈念資料館などが見渡せる

ソロタビPoint

沖縄で行われた地上戦の歴史を知る

昭和20年(1945)3月下旬から沖縄本島および周辺の島々で起こった日米軍の戦い。約90日間の戦いで、死者は住民を含め日米双方で20万人を超えたとされる。

平和の丘の地下は疑似ガマとなっており多くの命を救ったガマのイメージで奥の割れ目からは希望の光が射している

出かける前にチェック

散策する前に知りたいことをピックアップ。広い園内を効率よく回るバスなど上手に活用したい。

所要時間は約1時間

園内には、恒久平和を祈る歴史あるスポットや、美しい海を見渡せる広場などみどころが点在。約1時間でぐるりと一周できる。じっくり見学したい場合は、時間に余裕をもって出かけよう。

園内バスで移動しよう

園内では太陽光エネルギーを活用したEVバスが運行している。1回100円で乗車でき、運転者がルート上の施設について簡単な解説をしてくれることもあるので、初めて訪れるときでも安心。

6月23日は慰霊の日

組織的戦闘が終結した6月23日を「慰霊の日」と制定。平和祈念公園では例年、戦没者の遺族などが参加する沖縄全戦没者追悼式が行われ、式典中の正午には黙祷が捧げられる。

沖縄戦終焉の地で恒久平和を祈る

平和祈念公園

へいわきねんこうえん

MAP P115B4

戦没者を追悼するとともに平和を発信する公園として昭和47年(1972)に沖縄戦終焉地、糸満市摩文仁に開園。国内外から多くの人々が慰霊に訪れるだけでなく、海を望む一帯に広がる公園は豊かな緑に恵まれ、散策などが楽しめる憩いの場として親しまれている。

DATA ☎098-997-2765 ㊟糸満市摩文仁 ㊜那覇BTから糸満BT行きで32分、糸満BTで乗換、玉泉洞行きで26分、平和祈念堂入口下車、徒歩1分 ㊕入園無料(施設により異なる) ㊐8～22時(施設により異なる) ㊡無休 ※案内所に無料Wi-Fiあり

散策ルート

公園内のみどころを効率よく回りたい。

約24万人以上もの名が刻まれている

1 平和の礎
へいわのいしじ

沖縄戦終結50周年の節目となる1995年に建立。国籍や軍人、民間人の区別なく沖縄戦で亡くなったすべての人々の氏名が刻銘されている。

2 平和の火
へいわのひ

海を眺望する平和の広場の中央にあり、沖縄戦最初の米軍上陸地である慶良間諸島の阿嘉島にて採取した火、広島市の「平和の灯」、長崎市の「誓いの火」を合わせた「平和の火」が灯る。

沖縄を中心としたアジアの地図が広がる

3 沖縄県平和祈念資料館
おきなわけんへいわきねんしりょうかん

壕の中を再現したジオラマや戦争体験者の証言集など、住民側から見た沖縄戦の実相を伝える多数の資料を展示。

DATA ☎098-997-3844 料入館300円(1階は無料) 時9～17時最終入館(2階の常設展示室は16時30分最終入室) 休12月29日～1月3日

沖縄の平和と戦没者追悼の象徴

4 沖縄平和祈念堂
おきなわへいわきねんどう

沖縄出身の芸術家、故・山田真山氏が18年余の歳月をかけて原型を制作した沖縄平和祈念像を安置している。

DATA ☎098-997-3011 料入堂450円 時9～17時最終入堂 休無休

沖縄戦の教訓を次世代へとつなぐ

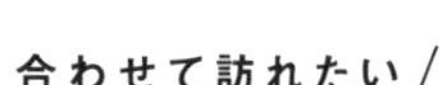

\ 合わせて訪れたい /

ひめゆりの塔・ひめゆり平和祈念資料館
ひめゆりのとう・ひめゆりへいわきねんしりょうかん

MAP P115A4

ひめゆりの塔は沖縄戦で亡くなった「ひめゆり学徒」のための慰霊碑。資料館では、生存者の映像や手記、実物資料などを通して、ひめゆり学徒隊の戦争の実態を伝えており、平和や戦争について知ることができる。DATA ☎098-997-2100(ひめゆり平和祈念資料館) 住糸満市伊原671-1 交那覇BTから糸満BT行きで32分、糸満BTで乗換、玉泉洞行きで16分、ひめゆりの塔前下車、徒歩1分 料入場無料(資料館入館310円) 時見学自由(資料館9～17時最終入館) 休無休

多くの死者を出した壕のそばにひめゆりの塔が建てられた

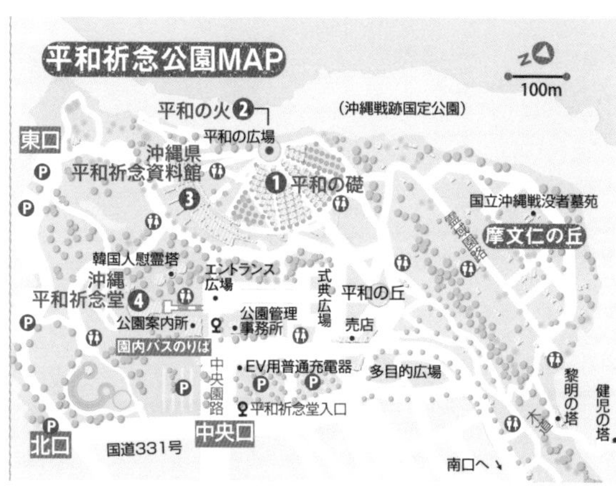

エイサーは勇壮でパワーのある伝統芸能。
おきなわワールドでは連日公演している

ソロタビPoint

広大な園内を効率よく巡ろう

体験やショーの時間にもよるが、園内をしっかり巡るなら約2時間はかかる。訪れたい見学エリアを事前に決定し、HPでチェックしておけばスムーズ。

Visiting 沖縄の自然や文化を体験しながら学ぶ

お楽しみ満載のテーマパーク おきなわワールドで遊ぼう！

沖縄の魅力がぎゅっと凝縮された南部を代表する観光スポット。玉泉洞探検やスーパーエイサー、伝統工芸である紅型トートバッグの制作体験など、気になる沖縄カルチャーにトライしてみよう。

躍動感あふれるショーは必見!

おきなわワールド

おきなわわーるど

MAP P115B3

東京ドーム4個分の広さを誇る沖縄最大級のテーマパーク。沖縄の歴史、文化、自然をテーマに、琉球の城下町が広がる「王国村」をはじめ、「玉泉洞」や「ハブ博物公園」などさまざまな施設が点在。伝統芸能をアレンジしたスーパーエイサーや伝統工芸体験なども充実しており、雨天でも楽しめるのが魅力。 DATA ☎098-949-7421 (住)南城市玉城前川1336 (交)那覇BTから玉泉洞駐車場行きで43分、終点下車、徒歩1分 (料)全エリアフリーパス1700円(玉泉洞&王国村のみ1300円、王国村・ハブ博物公園各650円) (時)9～18時(最終受付は17時) (休)無休

築100年以上の古い民家が並ぶ琉球王国城下町

ブクブクー茶屋ではブクブクと泡だてた沖縄独特のお茶を味わえる

八重山芸能アンガマや獅子舞も披露される

おきなわワールドのお楽しみ 1

玉泉洞

数十万年という長い年月がつくり上げた南城市の天然記念物「玉泉洞」。全長約5kmのうち890mが公開され、夏季限定の予約制ガイドツアー「南の島の洞くつ探検」も人気。

料金 1300円（王国村入場も含む） 所要 約30分

大興奮の地底探検に出発だ！（右）。人気の撮影スポットである青の泉（左）

おきなわワールドのお楽しみ 3

紅型トートバック作り体験

国・登録有形文化財の古民家で沖縄の伝統的な染物、紅型染に挑戦しよう。スタッフが丁寧にレクチャーしてくれるので初心者でも安心して楽しめる。

料金 1300円（王国村入場も含む）、トートバック作り2200円 所要 約30分～

好みの色で自分だけの作品を作ろう

おきなわワールドのお楽しみ 2

スーパーエイサー

旧盆時に集団で舞う伝統舞踏「エイサー」をダイナミックにアレンジ。太鼓のリズムや宙を舞う演者の動きに終始目は釘付けに。獅子舞など沖縄の伝統芸能も盛り込まれ見ごたえ抜群。

料金 無料（入園料に含まれる） 所要 約25分。前半10時30分、12時30分、後半14時30分、16時 ※前半と後半は演舞内容が異なります。また演舞は変更となる場合があります。

力強い太鼓の音色に思わず踊り出してしまいそう！（左）。紅型衣装を身にまとった琉球舞踊「四ツ竹」（右）

聖なるパワースポットを訪ねる

亜熱帯の森で生命の神秘をたどる

ガンガラーの谷

がんがらーのたに

MAP P115B3

数十万年前までは鍾乳洞だった場所が崩れてできた、豊かな自然が残る亜熱帯の森。約2万年前に生きていた「港川人」の発掘調査が現在も行われている。谷への入場は、ガイドが案内してくれる見学ツアーのみ可能。ミステリアスで自然や命に思いを巡らせながら歩きたくなる。DATA ☎098-948-4192 住 南城市玉城前川202 交 那覇BTから玉泉洞駐車場行きで43分、終点下車、徒歩2分 料 2500円 時 9～18時（カフェは～17時30分LO） 休 無休 ※見学ツアーは予約制。予約は電話またはHP(www.gangala.com/)より

洞窟内には鍾乳洞そのままのオープンカフェ「ケイブカフェ」がありドリンクや軽食を楽しめる

森の賢者「大主（ウフシュ）ガジュマル」は谷の番人として訪れる人を優しく見守っている／©沖縄観光コンベンションビューロー

南部の ソロタビグルメ

海や森のほど近くにある食事処やカフェは、昔ながらの風情を残す店構えや赤瓦の古民家が特徴的。地元客にも愛されるグルメ店でのんびり食事タイム。

静かな森と遠浅の海を同時に望む

山の茶屋 楽水

やまのちゃや らくすい

MAP P114C3

浜辺の茶屋(→P58)の姉妹店。天然の岩肌をそのまま店内に使用するなど、自然と共存する店構え。料理には長寿の薬草といわれる雲南百薬を麺に練り込んだ楽水そば1026円や、県産野菜が中心のヘルシーなメニューが揃う。DATA ☎098-948-1227 住南城市玉城玉城19-1 交浜辺の茶屋から徒歩13分 時11～15時LO(月曜は10時～) 休日曜 カウンター席 5席

1 紅芋の葛を使いもっちりとした食感のいもくじ天ぷらセット864円 2 長い石段を上った先にある山小屋風のたたずまい 3 開け放たれた窓から海岸を望む2階のカウンター席。畳間なので足をのばしてくつろぎたい

自家栽培の野菜やエディブルフラワーを使用した料理

Café Bean's

かふぇ びーんず

MAP P114C3

住宅街を少し進むとあり、窓からは木々越しに差し込む木洩れ日が店内を包む。自家栽培の野菜やハーブを使ったメニューを提供し、ヨモギの味わいを生かしたフーチーバーのクリームパスタ700円もおすすめ。 DATA ☎090-7585-8867 住南城市百名987 交斎場御嶽入口から南城市役所行きで11分、新原入口下車、徒歩5分 時11時～17時30分 休日・月曜(臨時休業あり) カウンター席 2席

1 きのこピザ 700円。マイタケなどを乾燥させうま味を凝縮。ホワイトソースでクリーミーな味わいに 2 ガジュマルの木がつくる木陰が気持ちいい人気のテラス席

海辺にたたずむカフェで、気分はハワイアン

Hawaiian Café Dining KOA

はわいあん かふぇ だいにんぐ こあ

MAP P115A3

海を独り占めできる抜群のロケーションと、県産食材を使用したハワイアンフードが味わえる。お好みのスイーツパンケーキにサラダバーとドリンクが付くモーニング限定のスイーツパンケーキセット1980円も大人気。モーニングは11時まで。DATA ☎098-851-8495 住糸満市潮崎町4-28-20 2階 交糸満BTから徒歩20分 時9時～19時30分LO(土・日曜、祝日は～21時LO 休無休 カウンター席 3席

1 青い海と空を眺めながら食事が楽しめるテラス席 2 ティラミスパンケーキ1580円。マスカルポーネチーズを加えた特製エスプレッソソースが大人の味!

自然発酵素材で作るおいしいおやつ

Detox cafe felicidad

でとっくす かふぇ ふぇりしだーど

MAP P115A3

「おいしくデトックス」を基本に酵素や発酵にこだわり、メニューはローフードマイスターのオーナーが監修して仕上げたスイーツが豊富に用意されている。アイスキャンディーやソフトクリームパフェのほか、野菜たっぷりなランチも人気。DATA ☎098-994-9557 住糸満市西川35-10 交糸満BTから徒歩20分 時11～17時LO 休日・月曜 カウンター席 なし

1

2

1 フルーツとスーパーフードを使ったギルトフリーのアイスキャンディー510円 2 かわいい店内はカジュアルな雰囲気で入りやすい

築120年余、戦火を免れた歴史的家屋

茶処 真壁ちなー

ちゃどころ まかべちなー

MAP P115A3

明治24年(1891)ごろ建てられ、のちに国の登録有形文化財に指定。今も残る井戸や豚小屋から当時の暮らしぶりをうかがい知ることができる。風情あるたたずまいとともに楽しめるのは、ちなー御膳や豆腐ちゃんぷるー740円など。DATA ☎098-997-3207 住糸満市真壁223 交糸満BTから米須行きで27分、真壁下車、徒歩1分 時11～16時LO 休日・月曜 カウンター席 なし

1 ちなー御膳2170円。ラフテー(豚の角煮)やスンシー(煮物)など9品。ジューシー(炊き込みご飯)か黒米か選べる 2 赤瓦の屋根が特徴的な古民家で営む食事処。開放的な中庭で食事ができるのも魅力 3 戦前から残存する数少ない沖縄の古民家

水にこだわったビールを提供

地ビール喫茶

じびーるきっさ

MAP P115B3

おきなわワールド・南都酒造所に併設されたイートインスペース。鍾乳洞の地下水をくみ上げて製造された地ビールやビールに合う県産素材を使った軽食メニューもある。DATA ☎0120-710-611(南都酒造所) 住南城市玉城前川1336おきなわワールド内 交那覇BTから玉泉洞駐車場行きで43分、玉泉洞駐車場下車、徒歩1分 時9時～17時30分LO 休無休 カウンター席 なし

ボトル330㎖550円、グラス350㎖600円。原料のコーラルウォーターは、カルシウムとミネラルが豊富

自慢の自家製島豆腐は必食！

海洋食堂

かいようしょくどう

MAP P115A2

併設工場で毎朝4時間かけて手作りする島豆腐が自慢。その絶妙な硬さとぷるぷる感を備えた食感は、ゆし豆腐や煮付け料理など多くの料理で楽しめる。DATA ☎098-850-2443 住豊見城市名嘉地192-10 交ゆいレール赤嶺駅最寄の赤嶺駅前から糸満BT行きで4分、名嘉地下車、徒歩3分 時10時～19時30分LO 休日曜 カウンター席 なし

豆腐ンブサー 700円。豆腐の煮込みのことで、だしがしっかり染みた島豆腐の上にやわらかい三枚肉がのっている

沖縄風天ぷらの真髄ココにあり

中本てんぷら店

なかもとてんぷらてん

MAP P115B3

名物の天ぷらを求めて、しばしば行列ができる人気店。魚やイカ、もずくなど漁業の島ならではの天ぷらがズラリ。モズク天65円は特におすすめの逸品だ。DATA ☎098-948-3583 住南城市玉城奥武9 交糸満BTから玉泉洞駐車場行きで42分、長毛下車、徒歩22分 時10時～18時30分 休木曜 カウンター席 なし

サクサク衣の天ぷらは、アチコーコー(あつあつ)のうちに

南部の
立ち寄りSPOT

話題の商業施設や複合施設が続々誕生するなか、ローカルが遊ぶ穏やかなパブリックビーチやショッピングに便利な道の駅にも足を運んでみたい。

2020年4月オープン！待望の新水族館

DMMかりゆし水族館
でぃーえむえむかりゆしすいぞくかん

MAP P115A2

同時オープンの商業施設「イーアス沖縄豊崎」内に誕生する最新の映像表現と空間演出を駆使した新しいカタチのエンターテインメント水族館。海・森・自然を中心に美しい映像と音で感動と癒やしを与えてくれる。DATA ☎未定 住豊見城市豊崎3 交那覇空港からあしびなー前行きで25分、終点下車、徒歩10分 料2440円 時10～22時 休無休

1 多彩な海中や水辺の生物が息づく館内 2 生命感あふれる亜熱帯の環境や雰囲気を凝縮

オープンエアで楽しむグルメ＆ショップ

瀬長島ウミカジテラス
せながじまうみかじてらす

MAP P115A2

グルメを中心に40以上の店が集結した複合施設。カテゴリーはスイーツ、ステーキなどバラエティ豊か。メイド・イン沖縄のジュエリーやクラフトショップもありおみやげ選びにもぴったり。DATA ☎098-851-7446 住豊見城市瀬長174-6 交那覇空港から有料シャトルバスで51分、瀬長島ホテル前下車、徒歩3分 時10～22時(店舗により異なる) 休無休(店舗により異なる)

青空に映える白い建物は、まさにリゾート！

ギフトにも最適な本格派

Island Aroma Okinawa
あいらんど あろま おきなわ

MAP P114D4

白亜の建物が魅力的な手作り石けんの店。沖縄素材のオリジナル石けん13種類以外にも、季節限定商品やスキンケア、ハーブティーやオイルなどがある。DATA ☎098-948-3960 住南城市知念吉富42 交斎場御嶽入口から徒歩12分 時10～18時 休日曜、祝日

1 自然豊かな緑の景色に白壁が映えるショップ 2 OCEAN 880円。沖縄の海塩やにがりを使った石けん。ミネラルが豊富に含まれているため、肌荒れにもおすすめ 3 斎場御嶽ブレンドエッセンシャルオイル 1100円(3㎖)。店主が森や植物、苔から感じた香りを、セージ、ベチバー、乳香などで再現したアロマオイル

海の幸が揃う日本最南端の道の駅

道の駅 いとまん
みちのえき いとまん

MAP P115A3

沖縄最大の道の駅。広い敷地内にはファーマーズマーケットやお魚センター、特産品を販売する糸満市物産センター遊食来が併設。新鮮な野菜や鮮魚を求め地元客も多く訪れる。DATA ☎098-987-1277 住糸満市西崎4-20-4 交糸満BTから那覇BT行きで7分、工業団地入口下車、徒歩4分 時9～18時(情報案内カウンター)※施設により異なる 休無休

1 食みやげや雑貨が勢揃いする南部の拠点 2 美らキャロット入り万能だれ 160g 各410円。糸満産のニンジンを使用した調味料。ノンオイルでサラダや和え物にも◎ 3 マンゴーしりしりーマンゴー盛り 850円。糸満産マンゴーを凍らせてそのままかき氷に。さらにフレッシュマンゴーをトッピング

多彩なブランド商品をリーズナブルに

沖縄アウトレットモールあしびなー

おきなわあうとれっともーるあしびなー

MAP P115A2

国内外約100の有名ブランドが集まるアウトレットモール。国内初上陸のブランドや沖縄ならではの品揃えのショップも多い。なかには国内での正規価格の30～80%オフで購入できる商品に出合えることも。DATA ☎098-891-6000 住豊見城市豊崎1-188 交那覇空港からあしびなー前行きで25分、終点下車、徒歩3分 時10～20時(レストランは～20時30分) 休無休

1 旅行中に必要なウェアや小物を現地調達するのもおすすめ 2 沖縄みやげに最適な特産品や雑貨も揃う大型モール

爽快なマリンブルーの海を目の前にできる

知念岬公園

ちねんみさきこうえん

MAP P114D4

海にせりだしたような岬にある公園。太平洋が一望でき、久高島やコマカ島などを間近に見ることができる。園内には赤瓦屋根の東屋や遊歩道があり、爽やかな海風を感じながら散歩を楽しめる。公園下にはサンゴ礁のリーフが広がる。DATA ☎098-948-4660(南城市観光協会) 住南城市知念久手堅 交バス斎場御嶽入口から徒歩2分 料時休見学自由

1 神の島・久高島を遠くに望む、本島南部の絶景スポット 2 先端にある東屋はフォトジェニックな休憩ポイントだ

県内最大級のガラス工房

琉球ガラス村

りゅうきゅうがらすむら

MAP P115A4

グラスや皿など多彩な琉球ガラスを販売。制作工程の見学もできるほか、オリジナルグラス作り体験1620円～(写真)など豊富な体験メニューを予約不要で楽しめる。DATA ☎098-997-4784 住糸満市福地169 交糸満BTから玉泉洞駐車場行きで13分、バス波平入口下車、徒歩3分 料入場無料 時9時30分～11時30分、14～16時(最終受付) 休無休

所要5分と気軽に体験できる

那覇空港至近で開放感も抜群

豊崎美らSUNビーチ

とよさきちゅらさんびーち

MAP P115A2

那覇空港から15分と便利な場所に立地。全長800mという県内屈指の広さを誇りアクティビティもたっぷり。慶良間諸島や、那覇空港を離発着する航空機も見ることができる。DATA ☎098-850-1139 住豊見城市豊崎5-1 交ゆいレール赤嶺駅最寄りのバス赤嶺駅前から糸満BT行きで10分、バス豊見城南高校前から乗換、道の駅豊崎行きで7分、バス豊崎美らSUNビーチ前下車、徒歩1分

遊泳ゾーンのある北浜。隣にはアクティビティ専用の南浜がある

全国名水百選に選ばれた湧水

垣花樋川

かきのはなひーじゃー

MAP P114C2

山の中腹にある湧水で地域の憩いの場として親しまれている。夏場になると涼をとる人々で賑わう。現在、飲用は不可。DATA ☎098-917-5387(南城市観光商工課) 住南城市玉城垣花 交バス斎場御嶽入口から南城市役所行きで21分、バス垣花下車、徒歩6分 料時休見学自由

透き通る湧き水は、一見の価値がある

中部

宜野湾・北谷・読谷・恩納村

アメリカンな文化が発展した異国情緒あふれるエリア。ホテルやアクティビティなどの中心地である西海岸リゾートも人気。

ソロタビPLAN 那覇バスターミナルを起点に、路線バスを活用して移動しよう。アメリカの雰囲気を感じる街並みや絶景を楽しんだあと、やちむんの里で沖縄ならではのおみやげを購入するのがおすすめ。

Start 那覇バスターミナル

Solo tabi Plan

① 10:00 フォトジェニックな港川外国人住宅街

→P74

素敵なカフェやショップが立ち並ぶ

住宅として利用している建物も多くのんびりとした雰囲気

② 11:00 美浜アメリカンビレッジでランチ

→P78

色鮮やかな建物が並ぶショッピングスポット

Chatan Burger Base Atabii'sのジューシーなハンバーガーに大満足

③ 13:00 やちむんの里で伝統工芸にふれる

→P72

自然豊かな環境で作陶された作品は魅力的なものばかり

ギャラリーうつわ家(常秀工房)の八寸平皿

④ 16:00 万座毛で美ら絶景に感動!

→P69

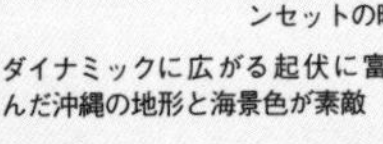

神秘的な光景サンセットの時間

ダイナミックに広がる起伏に富んだ沖縄の地形と海景色が素敵

Goal 北谷町や、恩納村のホテルへ

ココをCHECK!

空港リムジンバスで西海岸リゾートのホテルへ

北谷や恩納村など、西海岸リゾート周辺のホテルに宿泊するなら空港リムジンバス(→P106)を活用するのが◎。那覇空港国内線ターミナルから、那覇バスターミナルを経由して各ホテルへ向かう。那覇空港と中部の主要なリゾートホテルを結んでおり、西海岸の海絶景を眺めながらそのままホテルへ直行できるのがうれしい。予約制ではないため、空港に到着したら案内センターで乗車券を購入。繁忙期は混雑するので早めに乗り場に行こう。

ACCESS

- 那覇空港国内線ターミナル
  琉球バス交通・沖縄バス120系統で約1時間25分、親志入口下車、徒歩15分
- やちむんの里
  琉球バス交通・120系統で約27分、恩納村役場前下車、徒歩12分
- 万座毛
- 那覇バスターミナル
  沖縄バス27系統ほかで20分、港川バス停下車、徒歩約6分
- 港川外国人住宅街

☎098-874-0145 浦添市観光協会
☎098-926-5678 北谷町観光協会
☎098-958-6494 読谷村観光協会
☎098-966-1280 恩納村観光協会

MAP P116-121

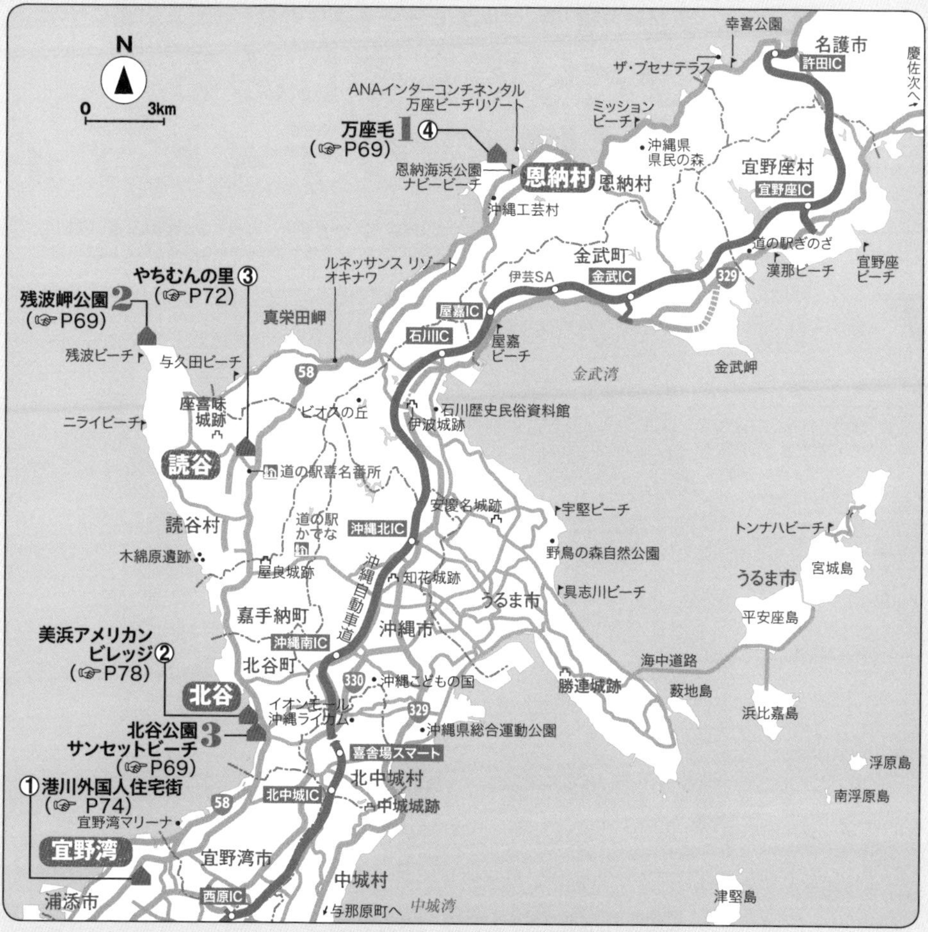

N
0 3km
幸喜公園
名護市
許田IC
慶佐次へ
ザ・ブセナテラス
ANAインターコンチネンタル
万座ビーチリゾート
ミッション
ビーチ
万座毛 1 ④
(☞P69)
沖縄県
県民の森
宜野座村
恩納海浜公園
ナビービーチ
恩納村 恩納村
宜野座IC
沖縄工芸村
道の駅ぎのざ
金武町
漢那ビーチ
宜野座
ビーチ
ルネッサンス リゾート
オキナワ
伊芸SA
金武IC
329
やちむんの里 ③
(☞P72)
残波岬公園 2
(☞P69)
真栄田岬
屋嘉IC
石川IC
屋嘉
ビーチ
残波ビーチ
与久田ビーチ
58
金武湾
金武岬
座喜味
城跡
ビオスの丘
石川歴史民俗資料館
ニライビーチ
伊波城跡
読谷
道の駅喜名番所
安慶名城跡
宇堅ビーチ
読谷村
道の駅
かでな
沖縄北IC
トンナハビーチ
野鳥の森自然公園
宮城島
木綿原遺跡
屋良城跡
知花城跡
うるま市
沖縄自動車道
具志川ビーチ
うるま市
嘉手納町
平安座島
美浜アメリカン
ビレッジ②
(☞P78)
沖縄市
沖縄南IC
海中道路
北谷町
330
沖縄こどもの国
勝連城跡
藪地島
北谷
イオンモール
沖縄ライカム
329
浜比嘉島
北谷公園 3
サンセットビーチ
(☞P69)
沖縄県総合運動公園
喜舎場スマート
①港川外国人住宅街
(☞ P74)
北中城村
浮原島
北中城IC
58
中城城跡
南浮原島
宜野湾マリーナ
宜野湾
宜野湾市
中城村
浦添市
西原IC
与那原町へ
中城湾
津堅島

マリンブルーが広がる圧巻の景勝地

1 万座毛
まんざもう

MAP P121A3

沖縄屈指の海景色が楽しめる、かつて琉球国王も絶賛したという景勝地。"ゾウの鼻"に例えられる奇岩や夕日がここのみどころ。**DATA** ☎098-966-2893(恩納村観光協会) 住恩納村恩納 交♀恩納村役場前から徒歩15分 時休見学自由

2 残波岬公園
ざんぱみさきこうえん

MAP P119A2

隆起したサンゴの断崖が約2km続き、先端の灯台からは紺碧の海を一望できる。岬一帯は公園になっており、カフェなどもある。**DATA** ☎098-958-0038(残波リゾートアクティビティパーク) 住読谷村宇座 交空港リムジンバスで1時間28分、ロイヤルホテル沖縄残波岬から徒歩15分 時休見学自由(問合せ9~18時)

3 北谷公園サンセットビーチ
ちゃたんこうえんさんせっとびーち

MAP P117B2

美浜アメリカンビレッジにほど近く、立ち寄りやすいカジュアルなタウンビーチ。サンセットタイムが近づいてくると、美しい夕日を求めて、人が集まってくる。**DATA** ☎098-936-8273 住北谷町美浜2 交美浜アメリカンビレッジ(→P78)から徒歩5分 時休見学自由

ソロタビPoint

体験内容を事前に確認！

マリンアクティビティは施設によって受付人数の制限や持ち物があることも。予約時にしっかり確認しておきたい。

Visiting 沖縄に来たらはずせない！美しい海に大接近

ひとりでも楽しめるマリンアクティビティ

沖縄のアクティビティには1人参加OKの体験メニューが充実。 初心者でも安心して楽しめるシュノーケリングやダイビングなど、透明度の高い海を肌で感じる特別な時間を過ごしたい。

青の洞窟シュノーケリング

真栄田岬近くにある半水中洞窟「青の洞窟」でシュノーケリング。オプションで魚にエサもあげられる。

神秘的なマリンブルーに包まれて

マリンクラブUMI

まりんくらぶうみ

MAP P118D4

定番の「青の洞窟」を、シュノーケリングや体験ダイビングで気軽に楽しむことができる。シュノーケリングのボートエントリーでは青の洞窟近くまで船でアクセスする(約5分)。いずれのコースも、体験前に説明があるので、しっかり聞いておこう。 DATA ☎098-989-7730 住恩納村山田2668-1 交空港リムジンバス🚏ルネッサンスリゾートオキナワから徒歩14分 時8～18時 休無休

洞窟内では、インストラクターに水中カメラで写真を撮ってもらうオプションも

体験メニュー

●青の洞窟シュノーケリング
料金ビーチエントリー3000円、ボートエントリー3800円 所要1時間30分～2時間

●青の洞窟体験ダイビング
料金ビーチエントリー8700円、ボートエントリー9500円 所要1時間30分～2時間

青の洞窟体験ダイビングでは幻想的な世界が広がる

スタンドアップ・パドルボード

ボードの上に立ち、パドルを使って海面を移動する。1960年代にハワイで誕生し、国内ではここ数年で人気に。

体験メニュー

●スタンドアップ・パドルボード
料金6050円〜 所要1時間30分
●カヤックと青の洞窟シュノーケルの冒険
料金7700円 所要3時間

新しい波乗り体験

アルガイド沖縄

あるがいどおきなわ

MAP P118D4

シーカヤックのツアーがメインのショップ。ビーチでレッスンからはじめるので安心して楽しめるスタンドアップ・パドルボードが人気急上昇。波がなければ下に広がるサンゴ礁やカラフルな魚を見ることができる。DATA ☎098-982-5605 住恩納村山田3088-1(マリブビーチ内) 交空港リムジンバス🚏ルネッサンスリゾートオキナワから徒歩5分 時7時30分〜19時30分(電話受付) 休不定休

まるごと天然のアトラクション

シートラスト沖縄

しーとらすとおきなわ

MAP P118D4

シーカヤック体験ができるマリブの大冒険のほか、シーカヤックで行く青の洞窟シュノーケルツアーなど、シーカヤックを利用したツアーを開催している。貸切でのツアーなので安心して参加でき、もちろんひとりでの参加もOK。DATA ☎098-982-5477 住恩納村山田3090-1(マリブビーチ内) 交空港リムジンバス🚏ルネッサンスリゾートオキナワから徒歩4分 時8〜21時 休無休

シーカヤック

海の上をすべるように進むシーカヤック。ツアーでは亜熱帯のジャングルを通過し、ロックオーシャンへ上陸。

体験メニュー

●マリブの大冒険
料金7480円 所要2時間30分〜3時間
●シーカヤックで行く青の洞窟シュノーケルツアー
料金8580円 所要3時間30分

ジンベエザメ体験ダイビング

巨大な生簀で飼育されたジンベエザメを約50cmの距離まで接近して観察できる。圧倒的な大きさに感動！

体験メニュー

●ジンベエザメ体験ダイビング
料金1万3700円 所要2時間
●ジンベエザメグラスボート(餌付けショー付き)
料金2500円(2020年4月以降2550円) 所要1時間15分

巨大なジンベエザメに驚き!

トップマリン残波

とっぷまりんざんぱ

MAP P119A3

ダイビングやシュノーケリングなど、ジンベエザメと泳ぐプログラムが大人気。水に濡れずにジンベエザメをウオッチできるグラスボートが1日4便運航され、毎便行われるジンベエザメの餌付けショーも楽しみだ。DATA ☎098-956-0070 住読谷村都屋33(読谷村漁業協同組合内B1階) 交近隣の主要ホテルとの送迎あり(要問合せ) 時8〜18時 休無休

Visiting 温かみのある沖縄の焼物を求めて

やちむんの里でお気に入りの器を探す

昭和49年（1974）に人間国宝の故・金城次郎氏が読谷村へ窯を移したことを機に発展したエリア。現在、ガラス工房1軒を含む17軒が工房を構えて制作を行っており、沖縄らしいやさしくおおらかな作風が魅力。

ソロタビPoint

「やちむん」とは？

「やちむん」とは焼物のことをいい、沖縄伝統工芸のひとつ。やさしく温かみのある作品が多く、作風は個性豊かで工房によりさまざま。併設のギャラリーに直接出向けば、憧れの作家に会えることも。

交那覇BTから名護BT行きで1時間13分、親志入口下車、徒歩15分

モダンでかわいらしい作風が魅力

ギャラリーうつわ家（常秀工房）

ぎゃらりーうつわや（つねひでこうぼう）

手作りの風合いがかわいらしい箸置き各320円

MAP P119A3

壺屋焼をルーツにもち、沖縄県立芸大で教授を務めた島袋常秀さん主宰。伝統技法を守りつつ色彩豊かな絵付けは、普段使いにしっくりなじむものばかり。

DATA ☎090-1179-8260 住読谷村座喜味2748 交親志入口から徒歩13分 時9～18時（日曜10時～）休不定休

朱色を基調とした赤絵（あかえ）で描かれたカフェオレボウル3240円

濃淡のある呉須（ごす）の深い青が美しい八寸平皿5720円

赤絵や点打ちなど沖縄の伝統的な絵付けの作品が並ぶ

伝統を継承しながらもモダンな作品は特別な存在感を醸し出している

線紋皿2500円。中央に均一に描かれた線がかなり印象深い。シンプルな色合いで使いやすい。直径約18cm

蓋付き赤絵碗1万5000円。動きのある筆のタッチと鮮やかな赤絵がひときわ目を引く

大胆で独創的な作風揃い

ギャラリー山田

ぎゃらりーやまだ

MAP P119A3

読谷山焼の窯元のひとり、山田真萬さんのギャラリー。躍動感のあるタッチと洗練された作風はどれも色彩豊か。海外でも個展を開くなど国際的な評価も高い。

DATA ☎098-958-3910 住読谷村座喜味2653-1 交親志入口から徒歩15分 時11～12時、13～17時 休不定休

五寸重ね焼きハイビスカス・くじら紋 2500円。中央にくじらをあしらったデザイン。波の代わりにハイビスカスを描いたもの。直径約15cm

長角皿パイナップル紋 2200円。沖縄らしいパイナップルが3つ並びかわいらしい。飾り用や小物置きとしても人気。長さ約25cm

四.五寸マカイ重ね焼き 2800円は鮮やかな赤唐草が目を引く。三.五寸などほかにもサイズあり。直径約14cm

沖縄らしいパイナップルや海の生き物が描かれた器が個性的

オリジナルの線彫りに注目

陶芸工房ふじ

とうげいこうぼうふじ

MAP P119A3

人間国宝・故金城次郎氏を祖父にもつ、藤岡香奈子さんの工房。一門の象徴である魚紋を海の生き物や植物にアレンジした線彫り作品は女性にも人気。 DATA ☎098-989-1375 ㊟読谷村座喜味2677-1 ㊫親志入口から徒歩13分 ㊐9～18時 ㊡無休

カフェ&ギャラリーで器選び

ギャラリー森の茶家

ぎゃらりーもりのちゃや

MAP P119A3

読谷山焼の窯元・金城明光さんのギャラリー兼カフェ。伝統的な作風にとどまらず、遊び心にあふれる作品も金城さんらしい。 DATA ☎0098-958-0800 ㊟読谷村座喜味2653-1 ㊫親志入口から徒歩15分 ㊐12～19時 ㊡不定休

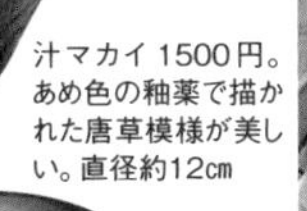

汁マカイ 1500円。あめ色の釉薬で描かれた唐草模様が美しい。直径約12cm

コーヒーメーカー 1万円。一番の人気商品。マットな質感とストライプ模様でデザイン性もかなり高い

メニューすべてに読谷山焼を使用することで、料理に華を添えている

読谷山焼北窯
(松田共司、松田米司、宮城正享)
一翠窯
読谷山焼北窯
(與那原正守)
読谷山焼
(大嶺實清)
横田屋窯
読谷山焼
北窯売店
読谷山窯
読谷山窯
共同直売店
読谷山焼
(山田真萬)
(知花實)
読谷山焼
(玉元輝政)
ギャラリー
森の茶家
読谷山焼(金城明光)
金城次郎窯
ギャラリー
山田
喫茶&
ギャラリー
まらなた
読谷壺屋焼
金城敏男窯
読谷壺屋焼
金城敏昭窯
陶芸 城
(金城敏幸)
宮陶房
(宮城須美子)
陶芸工房ふじ
(藤岡香奈子)
ギャラリーうつわ家
(常秀工房)
常秀陶器工房
(島袋常秀)
宙吹ガラス工房 虹
(稲嶺盛吉)
WC
共同駐車場
読谷村共同
販売センター
やちむんの里
那覇市へ
恩納村へ
喜名交差点
58

自由な発想とポップな作風が魅力

一翠窯

いっすいがま

MAP P119A2

窯主は読谷壺屋焼の金城敏男さんに師事し、その技を習得した高畑伸也さん。赤土に白化粧を施す釉薬の色合いなど壺屋焼の基本を落とし込んだ作品は普段使いのなかでも存在感たっぷり。 DATA ☎098-958-0739 ㊟読谷村長浜18 ㊫親志入口から読谷BT行きで24分、終点下車、徒歩11分 ㊐9～18時 ㊡無休

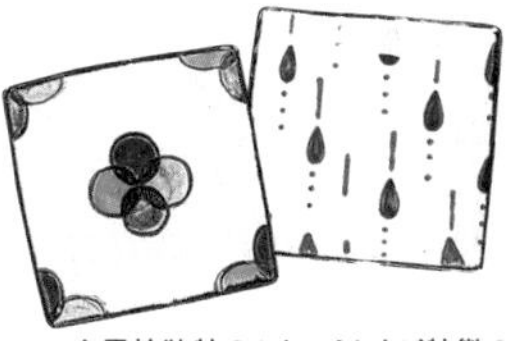

壺屋焼独特のかわいらしさが特徴の使い勝手のよい角皿しずく。2160円(上)、四つ輪。2160円(左)

作品のひとつひとつがとにかくかわいい！ カラフルな色使いも素敵

ご飯茶碗にちょうどよい四寸マカイ。1500円

Visiting ハイセンスな住宅街をお散歩

話題のおしゃれタウン 港川外国人住宅街へ

カラフルな外観からセンスを感じさせるコーヒースタンドや、木洩れ日が差し込むカフェなど、アメリカンハウスをリノベーションした店集まるエリア。洗練された街並みをカメラ片手に散策しよう。

ソロタビPoint

通りにある案内板を参考にしながら歩こう

色あざやかでかわいい建物が並ぶ住宅街。写真映えするスポットも多く、見ているだけで楽しい。住宅街には、通りの名前や番地の書いてある案内板があるのでチェックしよう。

交 那覇BTから北谷町役場行きで26分、♀港川下車、徒歩6分

インスタ映え抜群のフルーツタルト

[oHacorté] 港川本店

[おはこるて] みなとがわほんてん

MAP P117A3

季節の果物をたっぷり使ったフルーツタルト専門店。海外を思わせる庭には、小さな小屋もありメルヘンな雰囲気が素敵。果物に合わせたクリームや、何度も焼いてサクサク感を出した生地などおいしく味わう工夫が施されている。持ち帰りにぴったりなサブレなどもあり、おみやげにも人気のアイテムだ。DATA ☎098-875-2129 住 浦添市港川2-17-1 No.18 交♀港川から徒歩4分 時 11時30分～19時 休 不定休

1 レトロな雰囲気の空間でカフェタイムが楽しめる 2 北欧雑貨などの販売も 3 ピーチパインのタルト864円（左）、黒糖バナナのタルト626円（中）、沖縄県産のキウイのタルト680円（右）

港川外国人住宅街はどんなところ?

アメリカ統治時代に米軍関係者らが暮らしていた住居が集まるエリアで、四角い箱形のシンプルな建物が特徴。浦添市港川エリアには、外国人住宅をおしゃれにリノベーションしたカフェや雑貨店が軒を連ねている。アメリカンアンティークな雰囲気を残すお店には、地元客や外国人が集まる人気の名店も。あちこち立ち寄って、外国のような街並みを楽しもう。

落ち着いたカフェでひと休み

Café bar Vambo・Luga

かふぇ ばー ばんぼ るーが

MAP P117A3

一人で来ても、癒やしの時間をゆっくり過ごせる空間にしたいとの店主の思いから始まったカフェ。木のぬくもりを感じながら楽しむ、玄米や野菜を使った料理は、体にも心にもうれしい。 DATA ☎098-878-0105 住浦添市港川2-16-8 No.21 交港川から徒歩6分 時12～20時(ランチは～14時30分LO) 休火曜

1 店内はバリ風の落ち着いたインテリア。アットホーム感満載でゆっくりとくつろげる空間になっている 2 コピカラ594円。名物コピカラには、この店のためだけに作られた特注コーヒーアイスがのる

素材を味わうこだわりベーカリー

ippe coppe

いっぺ こっぺ

MAP P117A3

北海道や沖縄産の小麦粉をはじめ、選び抜いた素材のみを使用したテイクアウト専門のベーカリー。独特のもっちり感が自慢の天然酵母パンをはじめ、スコーンやフルーツグラノーラ(200g)900円なども販売する。 DATA ☎098-877-6189 住浦添市港川2-16-1 交港川から徒歩6分 時12時30分～18時30分(売り切れ次第終了) 休火・水曜、第3月曜

1 紅いもとあずきのスコーン 380円。鮮やかな紫色が目を引く。小豆のやさしい甘さとしっとりとした食感がおいしい 2 人気の食パンは全国発送も行っている 3 アンティークホワイトの壁に木枠の窓。外国人住宅のスタンダードなスタイルを今に残す

オキナワメイドの雑貨をおみやげに

Okinawa Local Goods Store Proots

おきなわ ろーかる ぐっず すとあ ぷるーつ

MAP P117A3

沖縄のカルチャーに関わるものを発信したいとオープン。店内にはオーナーセレクトのやちむんや小物、バッグなどが多彩に揃い、レアアイテムも多数。奥のカフェスペースで楽しめるアイスクリーム350円やシェイク550円も人気。 DATA ☎098-955-9887 住浦添市港川2-16-7 No.20 交港川から徒歩6分 時11～18時(カフェは～17時30分LO) 休水曜、第1土曜

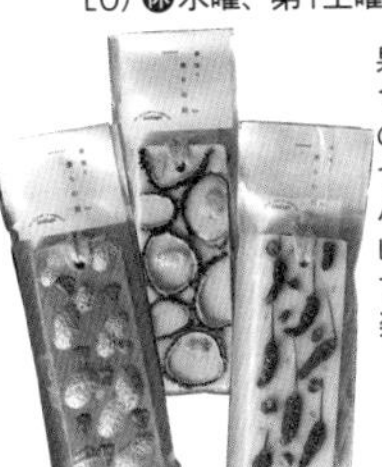

果実と香りの封 各1800円。宮古島の素材を用いて手づくりされたアロマバー。部屋やトイレ、クローゼットなどで見た目と香りが楽しめる

黒糖カヌレ8個入り1296円。星のトッピングがキュートな星×バナナなど、見た目のかわいさも◎。組み合わせ自由で4個、6個、8個で販売

沖縄ならではの食材が甘く香ばしいカヌレに

黒糖カヌレ ほうき星

こくとうかぬれ ほうきぼし

MAP P117A3

沖縄の特産品でもある黒糖を使った黒糖カヌレ専門店。ひと口サイズでかわいらしいカヌレは、沖縄珈琲や大宜味村(おおぎみそん)の抹茶など常時8種類に加え季節限定を用意。外はカリッと香ばしく、黒糖の風味もしっかり楽しめる。 DATA ☎098-975-7825 住浦添市港川2-16-2 交港川から徒歩6分 時11時30分～18時30分(売切れ次第終了) 休無休

スパイシーな本場のタイ料理

スパイスcafe ホチホチ

すぱいす かふぇ ほちほち

MAP P117A3

スパイスやハーブをほどよく効かせた本格派のタイ料理が地元でも評判。ランチメニューはパネンムーカレーやタイヌードル、ラープムーライスなど10種類を用意。オーナー特製のスパイスやナンプラーを加えるのもおすすめ。木のインテリアが配置された温かみのある内装が落ち着く空間だ。

DATA ☎098-877-8986 住浦添市港川2-12-3 No.52 交港川から徒歩7分 時11時30分～15時LO 休月曜 ※2020年に移転予定。電話番号とメニュー変更の可能性あり

ガパオライス(スープ、サラダ、ドリンク付き) 1200円。タイバジルや豚肉などを炒めたタイ料理の定番

中部の
ソロタビグルメ

目の前に広がるコバルトブルーの海景色やかわいくておいしいパンケーキ、ドリンクなど、リゾート気分を満喫できるすてきなお店がたくさん。

リニューアルオープン！海風感じるお芋カフェ

MYLO PLUS CAFE

まいろ ぷらす かふぇ

MAP P117B1

2019年12月にお芋スイーツ専門カフェとしてリニューアルした宮城海岸(→P79)沿いのカフェ。沖縄読谷産の紅芋や、鹿児島県南九州市の農家と契約して取り寄せた芋を使用して朝食やスイーツを提供。独自の加工で芋をハチミツのように甘く仕上げている。 DATA ☎098-926-5225 住北谷町宮城1-64 3階 交那覇BTから読谷BT行きで47分、航空隊入口下車、徒歩11分 時10～19時LO 休無休 カウンター席 4席

1 生クリームと相性のよい甘く仕上げた濃厚な紅芋をたっぷり使用したオリジナルの紅芋パフェ800円 2 ファーストブレイクセット1200円。日本一おいしいパンを目指して原料にこだわったトーストはふわっとした食感 3 海を見渡せる清々しい窓際の席がおすすめ。白を基調とした店内は海外の家を訪れたかのようなおしゃれな空間

パティの肉汁とさわやかなパインの相性のよさに驚き

GORDIE'S

ごーでぃーず

MAP P117B1

店舗は外国人住宅を改装するなどハンバーガーだけでなく雰囲気もアメリカン。シンプルながらもバーガーのうまさを追求しており、本場の味を知る外国人客の姿も多い。 DATA ☎098-926-0234 住北谷町砂辺100-530 交那覇BTから読谷BT行きで49分、砂辺下車、徒歩9分 時11～21時LO 休不定休

カウンター席 4～6席

1 店の入口は赤い扉が目印 2 パイナップルベーコンチーズバーガーコンボ1300円。炭火でグリルした粗挽きパティの肉感にあふれたワイルドな味。焼きパインもジューシーさとトマトのさっぱり感もマッチ

創業以来変わらないシンプルミートが決め手

タコス専門店メキシコ

たこすせんもんてんめきしこ

MAP P117B2

メニューはタコスのみという粋な店。先代から30年以上作り続けるタコスは沖縄では珍しいソフトタイプのトルティーヤ。皮からミートまでこだわりの逸品を目当てに遠方から通い詰める常連客がいるのも納得。 DATA ☎098-897-1663 住宜野湾市伊佐3-1-3 交那覇BTから名護BT行きで27分、伊佐下車、徒歩7分 時10時30分～18時(売り切れ次第終了) 休火・水曜 カウンター席 8席

1 沖縄に来たら必ず立ち寄るという観光客も 2 タコス 1人前600円。皮はやわらかくモチっとした食感。ミートは塩味を利かせてさっぱりと食べられる

その場で醸造されたできたての一杯を

CHATAN HARBOR BREWERY&RESTAURANT

ちゃたん はーばー ぶるわりーあんどれすとらん

MAP P117B1

クラフトビールの醸造所に併設するレストラン。「チャタンビール」は、トロピカルな味わいのラガーなど全5種類。季節を感じられるシーズナルビールも用意。沖縄の食材を使ったアメリカンテイストの料理との相性も抜群。DATA ☎098-926-1118 住北谷町美浜53-1 交美浜アメリカンビレッジ(→P78)から徒歩8分 時17～22時LO(バーは～23時30分LO) 休無休

カウンター席 10席

1 ラガー(左)、ペールエール(中央)やスタウト(右)などグラスで702円～。ここでしか飲めないクラフトビールでカンパイしよう! 2 店内やテラス席も広々! 幻想的なサンセットも楽しめる

開放感抜群のテラスで自慢のパンケーキを

STEAK&PANCAKE KUPU KUPU

すてーきあんどぱんけーき くぷ くぷ

MAP P117B1

海を望む建物の2階に店を構え、大きくとられた窓からは目の前に絶景が広がる感動のロケーション。メニューは生地からこだわったパンケーキやステーキが中心。客の8割が外国人客というだけあってどれもボリューミー。DATA ☎098-923-1927 住北谷町港15-58 2階 交美浜アメリカンビレッジ(→P78)から徒歩23分 時8～14時LO 休無休 ※キャッシュレス店舗のため現金利用不可

カウンター席 10席

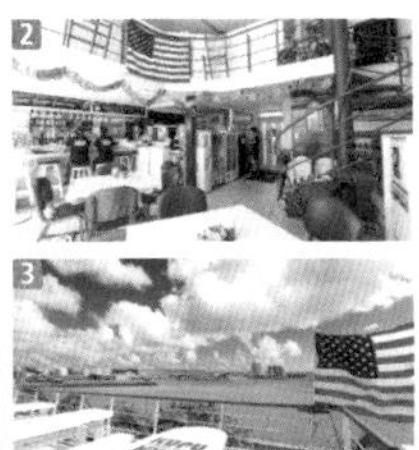

1 アップルフレンチパンケーキ1598円。外はカリッと焼き上げたパンケーキに自家製アップルコンポート、ホイップクリームがよく合う 2 上の階にはカウンター席なども用意 3 マリンカラーがさわやかな海辺の食堂

沖縄を代表する朝活カフェ

GOOD DAY COFFEE

ぐっでい こーひー

MAP P117B1

オーナーが感銘を受けたオーストラリアのカフェカルチャーを取り入れ、よい一日の始まりにふさわしい空間を提供。バイロンベイのロースターから仕入れる香り高いコーヒーとともに、オージー流の朝食メニューを楽しんで。DATA ☎090-4470-1173 住北谷町浜川178-1 S-289 交美浜アメリカンビレッジ(→P78)から徒歩24分 時6時～14時30分LO 休月曜

カウンター席 3席

フレンチ液に一日漬け込んだバゲットを、じっくり香ばしく焼き上げたこだわりのフレンチトースト580円

キュートにビタミン補給できる

MAGENTA n blue

まじぇんた ん ぶるー

MAP P121A3

恩納村のリゾートエリアで、ピンクの外観がひときわ目を引く。話題のピタヤ(ドラゴンフルーツ)やマンゴーなど、フルーツのおいしさをギュッと凝縮したスムージーやジュースは、カラフルな見た目もGood!。DATA ☎098-959-3132 住恩納村瀬良垣1780 交空港リムジンバスで1時間10分、ANAインターコンチネンタル万座ビーチリゾート下車、徒歩18分 時9～17時LO 休無休

カウンター席 なし

店内には、写真映えする小物がたくさん! お気に入りの写真を撮影したい。写真はMANGO & PITAYA SMOOTHIE900円

虹色プリンがキュート!

RAINBOW CAFE

れいんぼー かふぇ

MAP P118D3

ドライブ途中に立ち寄りたいインスタ映えスポット。自家製プリンには、生クリームーをサービス。マーメイド形のチョコやくまクッキーなど、トッピング(1個100円～)も全部がかわいい。DATA ☎なし 住恩納村冨着53 交那覇BTから名護BT行きで1時間30分、サンマリーナホテル前下車、徒歩2分 時11～18時 休水曜

カウンター席 なし

1 レインボープリン700円はパイナップルピューレが入ったパインミルク味 2 プリン400円はカスタード、マンゴー、黒糖チョコ、紅芋の4つのフレーバー

中部の
立ち寄りSPOT

まるで海外のような街並みやポップな建物など、異国情緒を感じる大型施設が集まる。海沿いの散策や、沖縄を代表するアイスクリームショップの工場も。

外国人観光客も多く訪れる美浜はまるで海外リゾート

美浜アメリカンビレッジ
みはまあめりかんびれっじ

MAP P117B1

北谷町の海辺に、複数の商業施設やアミューズメント施設、ホテル、ビーチ、映画館などが集まる人気のエンタメスポット。アメリカ西海岸のリゾートタウンのような通りを外国人客が行き交う風景は異国情緒満点。アメリカ＆沖縄風のグッズやグルメ、遊びスポットが大集結する南国リゾートだ。

DATA ☎098-926-4455(北谷町観光情報センター) 住北谷町美浜 交那覇BTから北谷町役場行きで44分、桑江下車、徒歩6分 時休店舗により異なる

1 大きなスムージーのウォールアート 2 2019年7月にオープンしたデポアイランドシーサイドビル。海岸沿いに立つポップなビルにはイタリアンやドリンクスタンドが入る 3 観覧車がランドマークの、カーニバルパークミハマ。ストリートライブが行なわれることも

赤瓦の特性を生かしたアイデアグッズ

新垣瓦工場 美浜アメリカンビレッジ店
あらかきかわらこうじょう みはまあめりかんびれっじてん

MAP P117B1

沖縄の民家に使われる赤瓦をアレンジした商品を販売。コースターや好みのアロマオイルを垂らしてディスプレイできるアロマプレート(単品)825円などが人気。シーサーなど沖縄モチーフのデザインもかわいい。DATA ☎098-945-2617 住北谷町美浜デポアイランドビルA 交美浜アメリカンビレッジ(→P78)から徒歩5分 時11～20時 休不定休

1 沖縄で有名な新垣瓦工場の直営店 2 吸水性の高い赤瓦をアレンジした赤瓦コースター丸型715円～。ジンベエザメやハイビスカスなどバリエーションも豊富 3 表情豊かなシーサーがかわいいアロマプレート円満シーサー横向き2090円

自分だけのオリジナルアイスが作れる！

ブルーシールアイスパーク
ぶるーしーるあいすぱーく

MAP P117A3

牧港本店隣にある体験型施設。体験ゾーンではオリジナルアイスバーづくり体験1800円(所要約45～60分、要予約)を実施。お絵かきペンやトッピングでかわいく飾り付けにチャレンジしてみよう。

DATA ☎098-988-4535 住浦添市牧港5-5-6 交那覇BTから北谷町役場行きで21分、第一牧港下車、徒歩2分 時9～18時(体験時間は9時30分～、11時～、14時～、16時～、18時～の1日5回) 休無休

1 冷凍庫体験やミニプラントも併設する 2 アイスの形は3種類、フレーバーは4種類から選べる

沖縄発手作り天然コスメ

FROMO
ふろーも

MAP P119A4

沖縄の自然素材を使ったハンドメイドコスメを提供。自社養蜂のハチミツを使ったローションや質のよい植物オイルのソープなど、やさしいアロマの香りと使い心地が特徴。DATA ☎098-956-2324 住嘉手納町水釜476-7229 交那覇BTから読谷BT行きで53分、水釜下車、徒歩5分 時11時～18時30分 休月～水曜

1 リラクジングオイル2420円(30mℓ)。沖縄の美肌ハーブ「月桃」の貴重なアロマオイルなどを使用 2 2830ハニークレンジングスムージー4290円(160g)。透明感のある肌に導くクレンジング

自分だけのシーサーが作れる!

琉球村
りゅうきゅうむら

MAP P118D4

沖縄の文化体験や食事などが楽しめるテーマパーク。園内には趣ある赤瓦屋根が美しい築80～200年の古民家を、本島各地から移築。かつての琉球の時代にタイムスリップしたかのような雰囲気が楽しめる。DATA ☎098-965-1234 住恩納村山田1130 交那覇BTから名護BT行きで1時間18分、琉球村下車、徒歩1分 時9時～17時30分最終受付 休無休

1 陶芸の経験がなくても参加できる。完成品は約1カ月後に自宅に送られる(送料別途) 2 シーサー(オスかメス1体)が作れる。2200円～で所要時間は1時間程度

マリンスポーツと夕日の名所!

宮城海岸
みやぎかいがん

MAP P117B1

美浜アメリカンビレッジから北へ約1kmの地にある海岸は、ダイビングやサーフィンなどのマリンスポーツが盛んなエリア。防波堤沿いやその周辺には、海の眺めが抜群のおしゃれなカフェやデリが増えている。美浜アメリカンビレッジで楽しんだあとに立ち寄って海辺を散策したい。DATA ☎098-926-5678(北谷町観光協会) 住北谷町宮城 交那覇BTから読谷BT行きで47分、航空隊入口下車、徒歩11分 時休散策自由

波があるときはサーフィン、波がないときはシュノーケリングを楽しむ人が多い

世界にひとつのアクセサリー

Spicalily
すぴかりりぃ

MAP P117B3

沖縄にあふれる自然や色彩などから受けたインスピレーションをもとに、ピアスやネックレスなどを1つずつ制作。女性らしさを際立たせるアクセサリーは女心をくすぐる。DATA ☎098-988-1431 住宜野湾市真栄原3-10-15 交那覇BTから具志川BT行きで35分、第二真栄原下車、徒歩2分 時11～18時 休水曜

1 旅の途中で身につけたくなるアクセサリーが豊富に並ぶ 2 リング 各2530円。1粒パールやターコイズなどを使ったリング

一点もののアメリカ家具探し

PEARL.
ぱーる

MAP P117B2

アメリカ西海岸で買い付けてきたヴィンテージ家具、雑貨、照明などを、ひとつずつリペアして販売する。どれも長く使える一点ものばかり。オリジナル商品もあり、生地や色など好みに合わせて選べる。DATA ☎098-890-7551 住宜野湾市大山4-2-6 交那覇BTから具志川BT行きで36分、大山下車、徒歩3分 時10～18時 休無休

県外からもヴィンテージ家具ファンが訪れる

暮らしを彩る雑貨や小物

PORTRIVER MARKET
ぽーとりばー まーけっと

MAP P117A3

やちむんの器やアクセサリー、菓子など「沖縄のいいもの」をコンセプトに、県内各地から厳選したデザイン性の高いアイテムがずらりと並ぶ。DATA ☎098-911-8931 住浦添市港川2-15-8 No.30 交港川から徒歩6分 時11～18時(火・木・土曜12時30分～) 休日曜、祝日

選りすぐりの「いいもの」が所狭しと並ぶ店内

ソロタビ PLAN

沖縄の旅で絶対に外せないスポットである沖縄美ら海水族館が観光のハイライト。周辺の国営沖縄記念公園や、島の原風景に抱かれる備瀬のフクギ並木などみどころが満載!

那覇空港国内線ターミナル

↓

Solo tabi Plan

① 10:00 幻想的な空間が広がる沖縄美ら海水族館

→P6

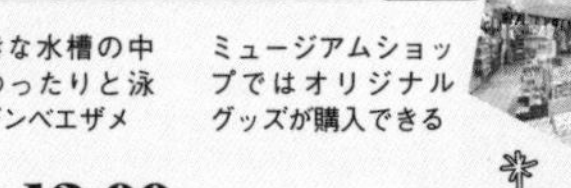

大きな水槽の中でゆったりと泳ぐジンベエザメ

ミュージアムショップではオリジナルグッズが購入できる

↓

② 12:00 国営沖縄記念公園に立ち寄り

→P7

マナティー館では愛嬌あるマナティーに会える

真っ白なコーラルサンドと海の色のコントラストが美しいエメラルドビーチ

↓

③ 13:30 自然に包まれてカフェランチ

→P81

cafe CAHAYA BULANでは海が目の前に広がり心地よい風を感じる開放的なテラス席が人気

cafe CAHAYA BULANの島野菜を使用した野菜ビビンパ880円

↓

④ 15:30 沖縄の原風景が続く備瀬のフクギ並木

→P7

自然のパワーを浴びて散策。並木道を抜けると海が広がる

のんびり歩く水牛車に乗ることもできる

↓

Goal

名護バスターミナル

ココをCHECK!

那覇空港から沖縄美ら海水族館まで直行!

那覇空港から沖縄美ら海水族館への移動なら、那覇バス、琉球バス交通、沖縄バスが運行する高速バス系統117番で行くことが可能。乗り換えなしで約100km、車で2時間ほどの距離を安心して移動できるのがうれしい。また、那覇バスでは定期観光バスを運行。沖縄美ら海水族館、古宇利ビーチ、今帰仁城跡などの移動距離のあるスポットも巡ることができるので便利だ。

Hokubu

ほくぶ

北部

沖縄美ら海水族館(おきなわちゅらうみすいぞくかん)・本部(もとぶ)・名護(なご)

コバルトブルーの海が広がるビーチや、緑豊かな大自然を感じられる原風景に出会えるエリア。島原産のブランド牛やフルーツなどのグルメも魅力。

ACCESS

■ 那覇空港国内線ターミナル

琉球バス交通・沖縄バス・那覇バス117系統で約2時間10 ～ 35分、記念公園前下車すぐ

■ 沖縄美ら海水族館

■ 那覇空港国内線ターミナル

琉球バス交通・沖縄バス・東陽バス・那覇バス111・117系統で約1時間35 ～ 45分

■ 名護バスターミナル

☎0980-53-7755
名護市観光協会

☎0980-47-3641
本部町観光協会

☎0980-56-2256
今帰仁村経済課

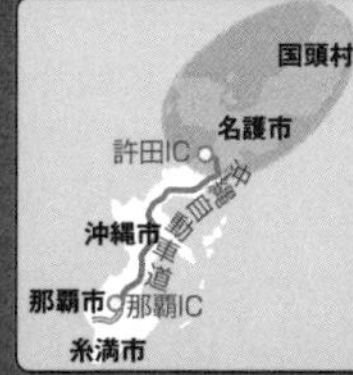

MAP P120-121

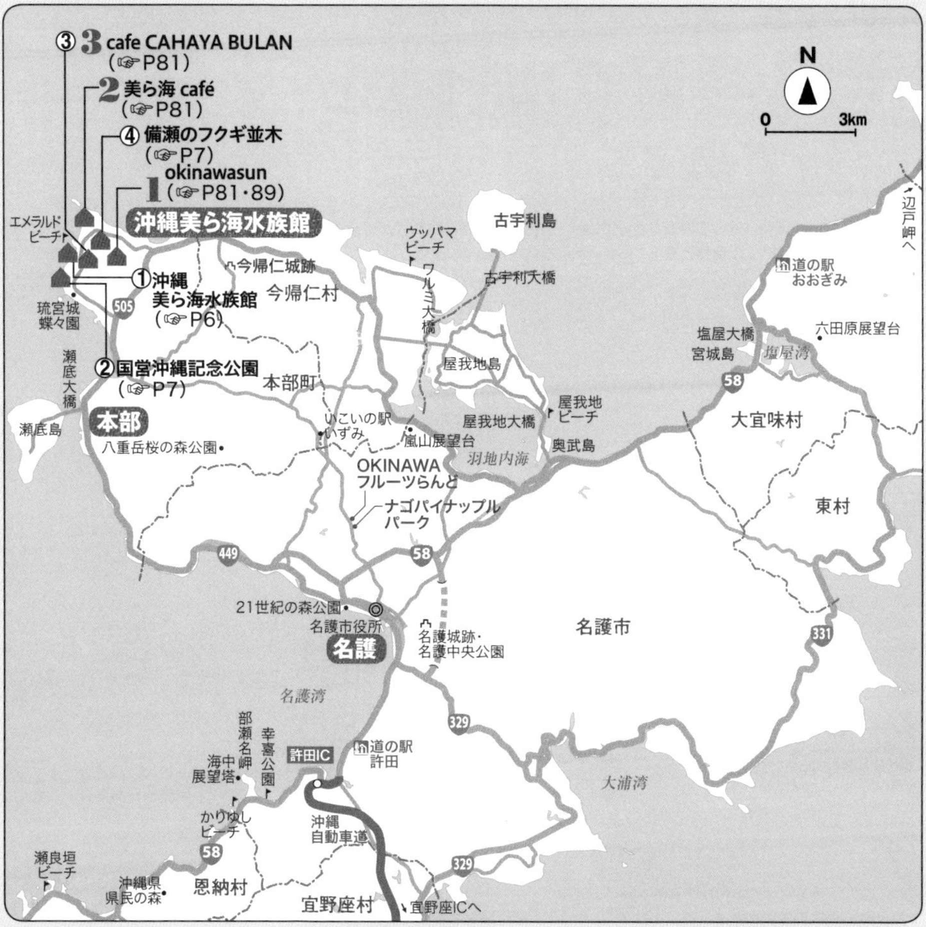

北部
ソロタビプラン

③ 3 cafe CAHAYA BULAN
(☞P81)
2 美ら海 café
(☞P81)
④ 備瀬のフクギ並木
(☞P7)
1 okinawasun
(☞P81・89)
沖縄美ら海水族館
①沖縄
美ら海水族館
(☞P6)
②国営沖縄記念公園
(☞P7)
エメラルドビーチ
琉宮城蝶々園
瀬底大橋
瀬底島
本部
八重岳桜の森公園
今帰仁城跡
今帰仁村
本部町
ウッパマビーチ
ワルミ大橋
古宇利島
古宇利大橋
屋我地島
屋我地ビーチ
屋我地大橋
奥武島
羽地内海
いこいの駅いずみ
嵐山展望台
OKINAWAフルーツらんど
ナゴパイナップルパーク
21世紀の森公園
名護市役所
名護
名護城跡・名護中央公園
名護市
名護湾
部瀬名岬
海中展望塔
幸喜公園
かりゆしビーチ
許田IC
道の駅許田
沖縄自動車道
瀬良垣ビーチ
沖縄県県民の森
恩納村
宜野座村
宜野座ICへ
大浦湾
道の駅おおぎみ
塩屋大橋
宮城島
塩屋湾
六田原展望台
大宜味村
東村
辺戸岬へ
N
0 3km

沖縄美ら海水族館から徒歩で行くカフェ

1 okinawasun
おきなわさん

MAP P123A2

自家製のスムージーやスカッシュは、本部町や本島北部から取り寄せたフルーツを中心に使用し、酸味と甘みをバランスよくミックス。カラフルなペイントが施された外壁や店内は、インスタ映えスポットとしても人気だ。

DATA → P89

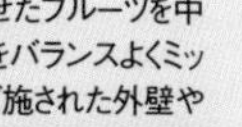

2 美ら海 café
ちゅらうみかふぇ

MAP P123A2

あぐー豚ややんばる鶏など、地元・やんばるの食材を使用したメニューとアットホームな雰囲気が評判。かき氷やソフトクリームなどスイーツメニューも。DATA ☎0980-43-6920 住本部町備瀬403 交沖縄美ら海水族館(→P6)から徒歩13分 時10〜20時 休無休

3 cafe CAHAYA BULAN
かふぇ ちゃはや ぶらん

MAP P123A2

バリ風のインテリアがリゾート感を演出し、どの席からも海を見渡せると評判のカフェ。

DATA ☎0980-51-7272 住本部町備瀬429-1 交沖縄美ら海水族館(→P6)から徒歩15分 時12時〜日没(フードは〜16時LO) 休水・木曜(7〜9月は水曜のみ)

Visiting 美しい海と城壁の圧巻の景色

世界遺産の城跡を訪ねて歩く

琉球王国以前から沖縄各地に築かれたグスク（城）。ここでは世界遺産の4つの城をご紹介。石積みの城壁が弧を描く圧倒的な風景。高台にある城跡からの海の眺望も最高。

ソロタビPoint

沖縄の世界遺産は全部で9つ

2019年現在、沖縄には世界遺産に登録された建築や施設が合計9か所ある。多くの城跡のほか、首里城（→P40）、玉陵（→P42）、園比屋武御嶽石門（→P41）、斎場御嶽（→P8）がある。※現在、首里城公園は火災の影響で見学できない区域があります。

城内で最も崇高な場とされる御内原（うーちばる）からは曲線を描く城壁を一望

大きな一枚岩で支えられた天井が特徴的な、グスクの正門にあたる平郎門（へいろうもん）

信仰の対象とされ、グスク内で最も高い主郭にある火の神（ヒヌカン）の祠

かつての栄華を伝える古城跡

今帰仁城跡

なきじんじょうあと

MAP P123B2

琉球王国成立（1429年）以前に本島北部から奄美地方までを治めた国、北山の王城として14～15世紀に栄えたグスク（城）跡。堅牢な城壁など、首里城にも匹敵したという往時の権勢をうかがい知ることができる。 DATA ☎0980-56-4400（今帰仁城跡管理事務所）住今帰仁村今泊5101 交バス停記念公園前から新里入口行きで10分、バス停今帰仁城跡入口下車、徒歩1分 料入場400円 時8～19時（9～4月は～18時） 休無休

まだある! 世界遺産の城跡

沖縄県内には世界遺産に登録された城跡が点在している。石段が残る丘陵地を歩き、島の歴史に思いを馳せよう。敵を攻撃しやすいように工夫された城壁の曲線美も見事。

頂上からは東西に美しい海景色が広がる絶景スポットでもある

歴史を刻む断崖の城跡

勝連城跡

かつれんじょうあと

中部 MAP P116D1

勝連半島の南の付け根部にある標高約100mの丘陵地に築かれた。自然の断崖を活用して築城し、攻めることが難しく「不落の城」とよばれる。DATA ☎098-978-7373(勝連城跡休憩所) 住うるま市勝連南風原3908 交那覇BTからホテルオリオンモトブ&スパ行きで28分、喜舎場で乗換、北中城村役場前から屋慶名BT行きで36分、浜屋入口下車、徒歩8分 料時見学自由(休憩所9～18時、物産店は～17時) 休無休

曲線を描く城壁が魅せる名城

中城城跡

なかぐすくじょうあと

中部 MAP P116C2

15世紀ごろ勝連城の脅威から首里城を守るため、名築城家とうたわれた武将・護佐丸が改築したグスク跡。6つの郭からなる強固なグスクとなった。沖縄戦の戦禍を奇跡的に逃れ、城壁などの遺構は県内で最も原形をとどめている。DATA ☎098-935-5719 住北中城村大城503 交那覇BTからイオンモール沖縄ライカム行きで41分、イオンモール沖縄ライカムで乗換、グスクめぐりんで15分、中城城跡下車、徒歩1分 料入場400円 時8時30分～17時最終入場(5～9月18時最終入場) 休無休

米国のペリー提督が称賛した記録もある往時の美しさを残す城壁

城壁は布積み、野面積み、相方積みなど3種類の石積みが施され、歴史的にも珍しい

こちらの世界遺産も見学したい

琉球王家最大の別邸として名高く、王族の保養地や中国からの使者を迎える場として利用された世界遺産も必見。

豪華絢爛な別邸が残る

識名園

しきなえん

首里 MAP P110D3

1799年に創建された琉球王家の別邸。日本庭園の様式のなかに中国風の装飾が見られるのは琉球ならでは。現在ある建物は1995年までに復元されたもの。池に浮かぶ中国風あずま屋の六角堂もみどころ。

四季折々の景色が楽しめる

DATA ☎098-855-5936 住那覇市真地421-7 交那覇BTから新川営業所行きで18分、識名園前下車、徒歩1分 料拝観400円 時9～18時(10～3月は～17時30分) 休水曜(祝日の場合は翌日)

名城から望む格別の絶景

座喜味城跡

ざきみじょうあと

中部 MAP P119A3

護佐丸によって15世紀初頭に築城された。城郭は2つでほかの世界遺産のグスクに比べコンパクトだが、美しい石積みの城壁や沖縄で最古といわれるアーチ門などもみどころ。DATA ☎098-958-3141(世界遺産座喜味城跡ユンタンザミュージアム) 住読谷村座喜味708-6 交那覇BTから読谷BT行きで1時間16分、高志保入口から徒歩19分 料時休見学自由

標高120mの丘陵に立ち城壁からは東シナ海を一望できる

Eating 緑に包まれたナチュラルな空間

心癒やされる森カフェで過ごす

亜熱帯の森林に囲まれた、自然を間近に感じられる森カフェは人気のスポット。本部町伊豆味周辺にはおしゃれな店が集まっている。フレッシュなドリンクやおしゃれなスイーツで、心も体もリラックスしてみては？

ソロタビPoint

森林浴をしながらランチ

森カフェでマイナスイオンを浴びながら、ドリンクやランチを楽しめる。手付かずの自然が広がり、鳥のさえずりや生き物にも出会えるかも!?

やんばるの緑に囲まれ夏でも涼しさを感じるほど。森の香りが漂う清々しい空間

深い緑に抱かれて過ごす

Café ichara

かふぇ いちゃら

MAP P123B3

県道から小道を下りきった場所にあり隠れ家のようなたたずまい。まるで森の中の舞台のような広いウッドテラスは自然のなかに身を置きたい人にぴったりだ。メニューは石窯で焼いたピザやオリジナルカレーなどを用意している。

DATA ☎0980-47-6372 住本部町伊豆味2416-1 交記念公園前から名護BT行きで30分、第二ウジュン原下車、徒歩3分 時11時30分～16時15分LO 休火・水曜

1 ご～や～ピザ（小）1300円。シャキシャキのゴーヤーをたっぷりのせ沖縄感たっぷり。石窯で焼き上げ香ばしさも◎ 2 ベイクドチーズケーキ 400円。フランス製のクリームチーズと黒糖でリッチな味わい。コーヒー500円ともよく合う

八重岳山麓の緑が一面に広がる

やちむん喫茶 シーサー園

やちむんきっさ しーさーえん

MAP P123B3

20年以上前に店主の実家だった古民家を増改築して店をスタートし、今では森カフェの代表店として多くのファンが訪れている。2階にある縁側席は一方の壁を取り払い、瓦屋根越しに森を見渡せると評判。 DATA ☎0980-47-2160 住本部町伊豆味1439 交記念公園前から名護BT行き29分、伊豆味下車、徒歩19分 時11時～18時30分LO 休月・火曜

まるでおばぁの家を訪れたかのような落ち着き。敷地内には遊歩道もあり散策もできる

1 ヒラヤーチー 500円。例えるなら薄いお好み焼やチヂミのよう。中にニラや季節の野菜が入っている 2 ちんびん 500円。ヒラヤーチーに似ているが生地に黒糖を混ぜ込んでいる。ほのかな甘みが特徴

ブーゲンビレアが鮮やかに彩るこだわり空間

農芸茶屋 四季の彩

のうげいちゃや しきのあや

MAP P123B3

もとはミカン直売店だった店舗は窓がなく開放感たっぷり。赤瓦や漆喰を取り入れた内装や家具などはすべて店主の手作り。カウンター席の周りにはブーゲンビレアが茂りナチュラルな雰囲気に癒やされる。 DATA ☎0980-47-5882 住本部町伊豆味371-1 交記念公園前から名護BT行きで29分、第二伊豆味下車、徒歩6分 時11～17時 休月・火曜

1 木のぬくもりを感じる落ち着いた店内 2 シフォンケーキセット 800円。ふわふわのシフォンケーキに自家農園でとれたミカンやアイス、ドリンクが付く 3 四季の彩定食 1000円。甘辛く煮込んだ軟骨ソーキの煮付けや白和え、沖縄そばなど沖縄料理が少しずつ楽しめる

吹き抜ける風が癒やしてくれる開放的なカウンター席。心地よい風を感じながらランチやカフェを楽しんで

1

2

3

― やんばるの森に包まれたカフェ ―

やんばるの隠れ家のようにたたずむ森カフェ。
沖縄に残る豊かな自然を体感できる名店をご紹介。

名物のシークヮーサーでリフレッシュ

がじまんろー

がじまんろー

MAP P122D2

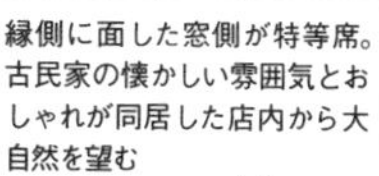

1

やんばるの手つかずの自然を眺めながらティータイムを。鳥のさえずりが聞こえるガーデンはゆっくりと時間が流れ、忙しい日常を忘れさせてくれる。オーナーが育てた無農薬シークヮーサーのジュースも人気がある。 DATA ☎0980-44-3313 住大宜味村大宜味923-3 交オクマプライベートビーチ&リゾートから9.5km 時11～18時 休金～日曜、11月

2

1 実をひとつひとつ丁寧に手しぼりしたシークヮーサー450円（右）、庭でとれたフーチバーと自家製トマトソースが相性抜群のピザ800円（左） 2 緑豊かな庭園を見ながら縁側でゆっくりくつろぎたい

時間を忘れるノスタルジックな空間

cafe ハコニワ

かふぇ はこにわ

MAP P123B3

築50年を超える古民家を店主自らリノベーション。内装からテーブルのセレクト、料理を盛り付ける器までセンス良くまとめられ、森の中にいながら都会的な雰囲気も感じられると人気。 DATA ☎0980-47-6717 住本部町伊豆味2566 交記念公園前から名護BT行きで31分、第一ウジュン原下車、徒歩4分 時11時30分～17時LO 休水・木曜

1

1 本日のハコニワプレート 1000円（ドリンク付き）は季節の地元野菜をたっぷり使用したランチ 2 緑に囲まれた古民家は趣を感じる

2

縁側に面した窓側が特等席。古民家の懐かしい雰囲気とおしゃれが同居した店内から大自然を望む

Visiting 琉球神話の舞台をゆっくり歩く

聖地のパワーを感じる 大石林山でトレッキング

ソロタビ**Point**

気軽に楽しめる トレッキングに出かけよう

トレッキングの所要時間は2〜3時間。森の中を散策するのでスニーカーなど歩きやすい靴で。頂上付近まで専用バスで送迎がある。また、新オープンした博物館や食堂でひと休みも忘れずに。

琉球神話の舞台となり、古くから聖なる地とされてきたやんばる北部のパワースポット。巨岩・巨石群や亜熱帯の森、海の展望などを楽しめる2つの散策コースが整備されている。

高台から望む絶景パノラマビューは息をのむ美しさ

やんばる国立公園内にあり、琉球創世神・アマミキヨが降り立った聖地とされている

琉球神話に伝わる巨石群を巡る

大石林山

だいせきりんざん

MAP P124B1

4つの山が連なる聖地・安須森（あしむり）の中にある自然公園。約2億5000万年前の石灰岩層が隆起し、奇岩や巨石を形成している。奇岩や海、森とやんばる特有の自然を眺めることができるガイドツアーもあり、やんばるの大自然を体感できる。**DATA** ☎0980-41-8117 住国頭村宜名真1241 交辺戸岬から徒歩30分 料入場1200円 時受付9時30分〜17時30分（16時30分最終受付）休無休

大石林山の回り方 アドバイス

バスツアーで大石林山へ

大石林山へは、Okinawa Hip-Hop Busのバスツアーを利用すると便利。辺戸岬、大石林山ハイキングコース、沖縄美ら海水族館、道の駅ゆいゆい国頭を巡るバスツアーで、沖縄最北端である辺戸岬と大石林山に行くことができる唯一のコースだ。大石林山を歩くので、歩きやすい服装や靴を選んで参加したい。大人6000円で、大石林山や沖縄美ら海水族館の入場料金が含まれている。那覇の県民広場や指定ホテル出発、所要時間は約10〜11時間。予約は公式HPで可能。出発前日の18時まで受け付けている。

URL www.jumbotours.co.jp/okinawa-hip-hop-bus/

予約制ガイドツアーを開催

現地では専門ガイドが案内する「大石林山ガイドツアー」が毎日2回開催されている（11時・15時。3000円）。聖地伝説や拝所が残る場所を巡る「スピリチュアルガイドツアー」も毎日1回開催（13時。4000円）。ガイドが一緒に歩いてくれるので初めて訪れる人も安心して散策できる。琉球の神話や信仰にまつわる話などを解説してくれるのもうれしい。前日17時までに要電話予約。

\\ スピリチュアルな空気に包まれて //

奇岩・美ら海パノラマコース

きがん・ちゅらうみぱのらまこーす

沖縄本島最北端の岬・辺戸(へど)岬をはじめ、晴天時には海の向こうに鹿児島県の与論島まで見渡せる。1～3月ごろには美ら海展望ステージからザトウクジラの姿が見られることもあるとか。(1200m/約60分)

自然が作り出す美しき奇岩群を目の前で見学できる

3回くぐると生まれ変われるという「生まれ変わりの石」。前向きに生きたいと願いを込めてお祈りする人も多い

Check!
ヒミコ岩やダルマ岩など自然が作り出した巨石に直接ふれ自然の息吹を感じたい

── 散策前後に立ち寄りたい ──

沖縄の島々の形成や石の歴史を知る

沖縄石の文化博物館

おきなわいしのぶんかはくぶつかん

MAP P124B1

チケット売場に隣接する、沖縄の地史的な成り立ちが学べる博物館。石灰岩に覆われた土地では大きな木があまり採れず、生活に必要な道具を石で作る技術が発達した沖縄。41市町村の地域を代表する岩石や希少な石製民具を展示している。岩石標本は実際に手でふれて感触を確かめることもできる。

DATA 料大石林山入山料に含まれる 時9時30分～16時30分最終受付 休無休

2018年4月にオープンした博物館。休憩スペースなども用意している

\\ 自然の息吹を感じる森 //

やんばる森林コース

やんばるしんりんこーす

樹齢200年のガジュマルや6万本のソテツ群落などあり亜熱帯ならではの樹木が密生する森のコース。爽やかな空気のなか、植物の息吹が満喫できる。(1000m/約30分)

Check!
昔からキジムナー(精霊)が住むといわれている御願ガジュマルが神秘の森に生き続けている

枝周りが約120mと日本最大級の御願(うがん)ガジュマル

北部の

ソロタビグルメ

やんばるの豊かな自然に包まれた北部。島の野菜を使用した体にやさしいランチやフルーツを、懐かしい雰囲気の古民家や写真映えするカフェで味わえる。

島の恵みと絶景で心と体を癒やす

カフェこくう

かふぇこくう

MAP P123B2

今帰仁村の小高い丘の上に店を構え、和食とマクロビの両方のよさを取り入れた"ゆるベジ"メニューが地元でも評判。毎朝今帰仁村の契約農家から仕入れる無農薬野菜は、味が濃く野菜だけのメニューでもお腹いっぱいに。DATA☎0980-56-1321 住今帰仁村諸志2031-138 交沖縄美ら海水族館(→P6)から12km 時11時30分～18時(フードは16時LO) 休日・月曜 カウンター席 5席

1 宮大工が建てたという建物にも注目したい 2 天気のいい日は窓を開け開放感たっぷり 3 こくうプレート 1300円。10種類以上の野菜を煮びたしや天ぷらなどで。どれも素材の味をしっかり引き立てているものばかり

やんばる素材を料理で発信する

Cookhal

くっくはる

MAP P123B3

やんばるのハルサー(農家)たちが丹精込めて育てた無農薬野菜を中心に、豚肉や鶏肉を使ったメニューを提供。小さなマルシェも併設し、その日収穫した季節の島野菜やフルーツも販売する。DATA☎0980-43-7170 住名護市名護4607-1なごアグリパーク内 交名護BTから辺土名BT行きで12分、📍大北下車、徒歩19分 時9時～16時30分LO(ランチは11～15時LO) 休不定休 カウンター席 なし

1 やんばるピクルス 各648円。やんばるの旬の野菜100%のやんばるピクルスはおみやげにも人気 2 畑のランチプレート 1430円。自社農園で栽培した野菜やハーブをふんだんに使った目でも楽しめる逸品

もとぶ牛と石垣牛のしゃぶしゃぶ&すき焼き専門店

島しゃぶ屋 豚とん拍子

しましゃぶや とんとんびょうし

MAP P123B4

自然に囲まれた環境でのびのび育てられたご当地のもとぶ牛や、やんばる島豚、やんばるあぐーなどをしゃぶしゃぶとすき焼きで味わえる専門店。もとぶ牛の肉本来の甘みが口に広がる、贅沢なしゃぶしゃぶは絶品。DATA☎0980-43-9394 住名護市東江4-18-1 交名護BTから那覇BT行きで9分、📍東江下車、徒歩1分 時17～23時 休木曜 カウンター席 あり

1 柔らかいお肉をしゃぶしゃぶで味わう。日替わりでもとぶ牛や石垣牛を提供している牛しゃぶ1人前5478円 2 席は木のぬくもりを感じるデザイン

100年もの歴史をもつ伝統のそば

きしもと食堂本店

きしもとしょくどうほんてん

MAP P123A2

創業は明治38年(1905)。現存する沖縄そば店のなかでも最古といわれ、イジュの木を燃やしてできた灰の上澄みを使う昔ながらの自家製麺など創業以来変わらない味を守り続けている。DATA ☎0980-47-2887 住本部町渡久地5 交記念公園前から名護BT行きで11分、渡久地下車、徒歩1分 時11時～17時30分 休水曜 カウンター席 5席

1 北部でも有名な沖縄そばの老舗 2 沖縄そば(大) 750円。ガツンと香るカツオの風味に豚のコクもしっかり加わったスープが行列を呼ぶ

ピンクのグラデーションがかわいい

okinawasun

おきなわさん

MAP P123A2

備瀬のフクギ並木からすぐの場所にあり、地元本部町農家の無農薬の果物を使ったカラフルなスムージーやジュースが楽しめる。店内では雑貨も販売している。DATA ☎090-9473-0909 住本部町備瀬224 交沖縄美ら海水族館(→P6)から徒歩13分 時13～17時 休日・月曜、祝日、ほか不定休 カウンター席 3席

1 ポップカラーの店は外観も店内もフォトジェニックポイントが盛りだくさん 2 okinawa島スムージー 702円。無農薬ドラゴンフルーツやパッションフルーツ、シークヮーサー、豆乳、バナナで作るスムージー 3 島フルーツスカッシュ 540円。パッションフルーツソースにシークヮーサーの酸味がマッチ
※季節によりフルーツの変更あり

赤瓦屋根と空と海…最高の景色に出合える

ピザ喫茶 花人逢

ぴざきっさ かじんほう

MAP P123A2

本部町の市街地を見下ろす高台に立ち、晴れた日には伊江島や瀬底島の島影がくっきりと見え爽快な気分に。ノスタルジックな雰囲気が漂う縁側席や、手入れの行き届いたガーデンで名物のピザを味わいたい。DATA ☎0980-47-5537 住本部町山里1153-2 交記念公園前から名護BT行きで9分、本部高校入口下車、徒歩24分 時11時30分～19時(18時30分LO) 休火・水曜 カウンター席 なし

1 ピザ(中) 2200円。店の名物メニュー。やんばるの湧き水を使って生地を練り、モチモチとした食感が自慢 2 マリンビューが美しい特等席に座って気ままにランチ

できたてビールが楽しめるスポット

オリオンビール園 やんばるの森

おりおんびーるえん やんばるのもり

MAP P123B4

工場見学も楽しめるオリオンハッピーパーク(→P90)内にあり、工場直送のビールが味わえる。期間限定のビールや、工場でしか味わえないクラフト生ビールが人気。ビールに合わせた単品料理や定食も用意している。。DATA ☎0980-52-2126 住名護市東江2-2-1オリオンハッピーパーク2階 交名護BTから那覇BT行きで8分、名護城入口下車、徒歩5分 時10時～17時30分LO 休水曜 カウンター席 なし

1 最も新鮮な注ぎたてのビールを堪能。クリーミーな泡も絶妙な分量なのがうれしい 2 通常の食事利用はもちろん、工場見学に参加するとオリオンドラフトビールやピルスナーなどのビールが試飲できる(無料)

北部の

立ち寄りSPOT

美しい離島や大自然を感じられる体験施設など、
個性あふれる観光スポットが盛りだくさん。
休憩時に味わう島のおやつやドリンクもお楽しみ。

パイナップルのことなら何でもおまかせ!

ナゴパイナップルパーク

なごぱいなっぷるぱーく

MAP P123B3

沖縄フルーツの代表格・パイナップルが主役。100種類ものパイナップルとその仲間が栽培される園内を、パイナップルをモチーフにしたカートで周遊。見学の後は、パイン菓子の試食やパイナップルワインの試飲なども楽しみ。DATA ☎0980-53-3659 住名護市為又1195 交名護BTから渡久地行きで18分、名桜大学入口下車、徒歩2分 料入場880円 時9～18時(パイナップル号乗車受付は～17時30分) 休無休

1 一面に広がるパイン畑が南国ムードを演出 2 ショッピングコーナーで販売するパインの果肉を使ったカステラが人気

南国のフルーツが実り鳥が舞う楽園へ

OKINAWA フルーツらんど

おきなわふるーつらんど

MAP P123B3

30種類以上の亜熱帯果樹が実るフルーツゾーンをメインに、カラフルな鳥たちとふれ合えるバードヤードからなる施設。また、謎解きをしながら園内を巡る「トロピカル王国物語」も毎日実施している。フルーツのおみやげも購入できるので立ち寄って。DATA ☎0980-52-1568 住名護市為又1220-1 交名護BTから渡久地行きで18分、名桜大学入口下車、徒歩1分 料入園1000円 時9～18時(最終入園は17時30分) 休無休

全天候型なので雨でも心配せずに楽しめるのがうれしい

ご当地ビール工場に潜入!

オリオンハッピーパーク

おりおんはっぴーぱーく

MAP P123B4

沖縄のビールメーカー、オリオンビールの魅力を工場見学を通して紹介する。ビールの試飲のほか、レストランでは地元食材を使ったビールに合うメニューを提供している。DATA ☎0980-54-4103 住名護市東江2-2-1 交名護BTから那覇BT行きで8分、名護城入口下車、徒歩5分 料見学無料 時見学受付は9時20分～16時40分(見学は20分間隔で1日23回、要予約) 休無休

1 オリオンビールの試飲は工場見学をした人のみ1人2杯無料 2 原料の紹介から仕込、ビン詰までをガイドが案内

ハートの岩で話題の「恋の島」へ

古宇利島

こうりじま

MAP P122C1

本島に近い屋我地島(やがじしま)と全長1960mの古宇利大橋で結ばれた小さな島。人類創世の伝説が残り、「恋の島」ともよばれている。橋のたもとにある古宇利ビーチや、テレビCMで有名になったハート岩などみどころ豊富。移動に時間がかかるので、日帰りツアーを探してみよう。DATA ☎0980-56-2256(今帰仁村経済課商工観光係) 住今帰仁村古宇利 交名護BTから20km 料時休見学自由

島を一周、歩いて見学するなら約1時間。ビーチで泳いだりランチやカフェの時間も加えると約3時間程度をみておきたい

一生の思い出になる体験を

もとぶ元気村

もとぶげんきむら

MAP P123A2

ドルフィンスイムや工芸体験など、沖縄ならではのアクティビティが楽しめる施設。1人でも気軽に申し込みができるプランが充実している。 DATA ☎0980-51-7878 住本部町浜元410 交記念公園前から名護BT行きで4分、垣の内入口下車、徒歩3分 料ドルフィンロイヤルスイム1万7000円（ニューにより異なる） 時8～17時（体験メニューにより異なる） 休無休

イルカの背ビレにつかまって泳ぐドーサルなどアクティビティのプランも充実

愛されシーサー作りに挑戦！

シーサーパーク 琉球窯

しーさーぱーく りゅうきゅうがま

MAP P113B4

沖縄最大規模のシーサーが揃い、シーサーを学んで作ってお買い物できる専門施設。予約なしで20分で完成する絵付けから、3時間かけて制作する本格的なシーサーまで15種類の体験から選んで楽しめる。カラフルなシーサーはおみやげに人気。 DATA ☎0980-43-8660 住名護市為又479-5 交名護BTから渡久地行きで16分、ワタンジャ原下車、徒歩2分 料シーサー絵付け体験1600円～ 時10～18時（最終受付） 休無休

シーサー絵付け体験は小さいサイズなら30分程度で初心者でも簡単に作れる

自分だけのアロマコスメ作り

琉球香房くるち

りゅうきゅうこうぼうくるち

MAP P123A3

アロマコスメの手作り体験メニューが多彩で、好きな香りを選び琉球ガラスでボトリングする琉球香水作り体験（写真、所要約40分）のほか、部屋に飾れるリードディフューザーも人気。 DATA ☎0980-47-7550 住本部町崎本部4951 交記念公園前から那覇BT行きで15分、本部港下車、徒歩12分 料体験により異なる 時10～17時（18時30分最終受付、体験は要予約） 休不定休（要確認）

琉球香水作り体験は1944円で可能。オリジナルの香水を旅の思い出に

暑さを吹き飛ばす甘酸っぱさ

アセローラフレッシュ

あせろーらふれっしゅ

MAP P123A3

ビタミンCやポリフェノールが豊富なアセローラの生産農家直売店。アセローラジュース500円も販売するほか、5～9月ごろには収穫体験2000円（要予約）も開催。 DATA ☎0980-47-2505 住本部町並里52-2 交記念公園前から名護BT行きで22分、並里下車、徒歩4分 時9～17時 休無休

1 直営店ならではのメニューも 2 アセローラフローズン 600円。ニッポン全国おやつランキングでグランプリを受賞。これ1杯でビタミンCをたっぷり補給できる

体思いの無添加豆乳マフィン

SOYSOY CAFE

そいそい かふぇ

MAP P123A2

豆乳とおからで作る保存料不使用のマフィンが自慢。マフィン以外にも地窯製法の豆腐や豆乳、おからを使ったランチやデザートをゆっくり楽しめるカフェ。 DATA ☎0980-43-6003 住本部町谷茶10 交記念公園前から名護BT行きで12分、谷茶下車、徒歩1分 時11時30分～17時LO（ランチは14時LO） 休月曜

1 しっとりとして甘すぎずヘルシーなSOYSOY'S MUFFIN 1個300円～。キュートな豆乳マフィンは味は日替わりで、常時数種類が並ぶ 2 ナチュラルなお店

小さな古民家で懐かしの味を

しまドーナッツ

しまどーなっつ

MAP P123B4

「安全なおやつを」と無添加の焼きドーナッツを販売。島豆腐のおからを使った生地に紅芋や黒糖など沖縄ならではの素材を使った、ふっくらとした口当たりが魅力。 DATA ☎0980-54-0089 住名護市伊差川270 交名護BTから今帰仁・真喜屋行きで11分、伊差川下車、徒歩1分 時11～15時（売り切れ次第終了） 休祝日

ドーナッツ 1個160円～。プレーンやバナナのほか、紅芋やジーマーミ（落花生）など沖縄らしい味わい

Hotel List

海風感じる大人のリゾートホテル

オーシャンビューが広がる客室、開放感あふれるプールやテラスなど、
非日常を味わえる特別な宿でのんびりくつろぎの時間を過ごしたい。

2019年7月オープンの最新リゾート

ハレクラニ沖縄

はれくらにおきなわ

中部 MAP P121B3

ハワイで憧れのラグジュアリーホテル「Halekulani（ハレクラニ）」が沖縄にオープン。ハワイで100年以上の歴史を紡いできた「ハレクラニ」ならではのホスピタリティと絶好のロケーションに期待がふくらむ。 DATA ☎098-983-3017 住恩納村名嘉真2198-1 交那覇空港から空港リムジンバスで1時間35分 料1泊朝食付き3万7968円～ 客室数360室 URL www.okinawa.halekulani.com/

1 目の前はエメラルドグリーンに輝く海と白砂のビーチ 2 客室すべてが群青の海が目の前に迫るオーシャンビュー 3 リゾート内にはタイプの異なる５つのプールを配置 4 サンセットのロマンチックな雰囲気を存分に感じられる

アートな空間と自然が作る非日常

ホテル日航アリビラ

ほてるにっこうありびら

中部 MAP P119A2

スペイン瓦と白壁が青空に映え南欧リゾートのようなたたずまいがステキ。館内はアートにあふれ、一歩外へ出ると南国の花々やプール、ビーチが視界に入り楽園のよう。豊富なレストランやリラクゼーションなど充実したホスピタリティで極上のステイを満喫しよう。 DATA ☎098-982-9111 住読谷村儀間600 交那覇空港から空港リムジンバスで1時間33分 料スーペリアツイン1泊朝食付き1万5900円～ 客室数397室 URL www.alivila.co.jp/

1 天然の海・ニライビーチは干潮時は水深が浅くなり、干潟の生き物を観察できる 2 プレミアオーシャンパティオツイン（ノースウイング）43㎡～ 3 南国のまぶしい太陽をイメージした明るくて華やかなデザイン

自然に包まれた南国リゾート

ホテルムーンビーチ

ほてるむーんびーち

中部 MAP P118D3

三日月型の天然プライベートビーチを有するリゾートホテル。マリンやフィールドのアクティビティメニューが充実しており、南国の空の下で思いっきり遊び尽くせる。ビーチサイドからの夕景の眺めも抜群。極上のもてなしと、非日常空間でくつろげる。DATA ☎098-965-1020 住恩納村前兼久1203 交那覇空港から空港リムジンバスで1時間5分 料スタンダードツイン1泊食事付1万710円～ 客室数280室 URL www.moonbeach.co.jp/

1 白砂がまぶしい三日月型のプライベートビーチ。マリンメニューが豊富で1日中たっぷり遊べる 2 オーシャンとグリーンビューの2タイプある。シンプルで機能的な空間

海洋博公園に隣接するグッドロケーションのリゾート

ホテル オリオン モトブ リゾート&スパ

ほてる おりおん もとぶ りぞーとあんどすぱ

沖縄美ら海水族館周辺 MAP P123A2

スタンダードの「オーシャンウイング」とハイクラスの「クラブウイング」の2棟からなる12階建てのリゾート。全客室オーシャンビューで、どの部屋も50㎡以上と広さが人気の秘密。ファミリーの利用も多いリゾートだが、1名でのご褒美旅としても利用したい。DATA ☎0980-51-7300 住本部町備瀬148-1 交那覇空港から空港リムジンバスで2時間54分 料オーシャンツイン1泊朝食付き2万2800円～ 客室数238室 URL www.okinawaresort-orion.com/

1 広さと開放感で人気を誇るエメラルドビーチまで徒歩すぐ 2 ジュニアスイート 50㎡～。8階以上にあるコーナールーム。窓が2面あり、伊江島やエメラルドビーチを見渡せる

美しいビーチと屋外プールが魅力

ANA インターコンチネンタル 万座ビーチリゾート

えーえぬえーいんたーこんちねんたるまんざびーちりぞーと

中部 MAP P121A3

沖縄屈指の景勝地・万座毛を望む絶好のロケーションでラグジュアリーな滞在が楽しめる。目の前のビーチでは40種類以上のアクティビティを用意している。DATA ☎098-966-1211 住恩納村瀬良垣2260 交那覇空港から空港リムジンバスで1時間37分 料パーシャルオーシャンビュー1泊朝食付1万8545円～ 客室数400室 URL www.anaintercontinental-manza.jp/ja/

オーシャンフロントの空間が魅力

ダブルツリーbyヒルトン沖縄北谷リゾート

だぶるつりーばいひるとんおきなわちゃたんりぞーと

中部 MAP P117B1

異国情緒あふれるおしゃれな街・北谷。そのオーシャンフロントに位置し、美浜アメリカンヴィレッジにも歩いて行ける利便性の良さが人気。隣接するヒルトン沖縄北谷リゾート内のプールやスパも利用可。DATA ☎098-901-4600 住北谷町美浜43 交那覇空港から空港リムジンバスで1時間16分 料1万6408円～ 客室数1泊素泊まりツインルーム160室(全室禁煙) URL www.hiltonchatan.jp/facilities/two_outdoor_pools

水質最高ランクに評されたビーチ

シェラトン沖縄サンマリーナリゾート

しぇらとんおきなわさんまりーなりぞーと

中部 MAP P118D3

透明度抜群のビーチに面した、全客室バルコニー付きオーシャンフロントのリゾートホテル。レストラン、屋外プールなどを含むウェルネスセンターやチャペルなども備える。DATA ☎098-965-2222 住恩納村冨着66-1 交那覇空港から空港リムジンバスで1時間14分 料パーシャルツイン素泊まり1万5264円～ 客室数246室(全室禁煙) URL sheraton-okinawa.co.jp/

※繁忙期や曜日などによっては、ひとりでの宿泊ができない場合がありますので、事前にご確認ください

スパ&エステが人気のリゾートホテル

沖縄らしい島の恵みに癒やされる人気のエステが堪能できるリゾートホテル。
南国ムード満点の空間で心も体もリラックスしたい。

かりゆしの丘に立つリゾートホテル

OKINAWA SPA RESORT EXES

おきなわ すぱ りぞーと えぐぜす

中部 MAP P121B3

全室オーシャンビューの客室は59㎡以上の広さを誇り、ロクシタンやブルガリなどアメニティにもこだわっている。コンシェルジュやアニバーサリープレゼントなど、小規模ホテルならではのサービスも魅力。 DATA ☎098-967-7500 ㊟恩納村名嘉真ヤーシ原2592-40 ㊋那覇空港から空港リムジンバスで1時間56分、沖縄かりゆしビーチリゾートオーシャンスパ下車、徒歩2分 ㊕スーペリアツイン1泊朝食付1万9500円～ 客室数90室 URL exes-kariyushi.com/

1 幻想的なライティングがロマンチックな女性用スパ。エステサロンもあり、バランシングフェイシャルトリートメント75分1万6200円（要予約） 2 人気ブランドのアメニティや滞在中のスパが無料になる特典が付いている

真っ青な海と南国の太陽に抱かれた人気の宿

ザ・ブセナテラス

ざ・ぶせなてらす

中部 MAP P121B2

上質なおもてなしで迎えてくれる高級ラグジュアリーホテル。眼前には青く澄んだ海と全長約760mの白砂ビーチが続き、豊富なアクティビティも用意されている。洗練されたレストランやエステ、プールなどあらゆる施設が充実。24時間バトラーサービスもうれしい。 DATA ☎0980-51-1333 ㊟名護市喜瀬1808 ㊋那覇空港から空港リムジンバスで2時間2分 ㊕デラックスナチュラル ガーデンビュー1泊朝食付1万8900円～ 客室数410室（全室禁煙） URL www.terrace.co.jp/busena/

1 白砂のビーチへは徒歩すぐ。宿泊客はパラソル、チェア、タオルが無料 2 エステルームでは、贅沢なトリートメントを受けられる 3 ガーデンスペースのあるガゼボテラス。テラスにはジェットバスとデイベッドも

青い海と緑に囲まれ極上のリラクゼーションを体験

オキナワ マリオット リゾート&スパ

おきなわ まりおっと りぞーとあんどすぱ

中部 MAP P121B3

名護湾の高台にあり、東シナ海の眺めが抜群。15階建てのフロアには、和室や天蓋付きベッドなどが備わった客室など、趣向の異なる部屋が用意されている。県内最大級の屋外プールも魅力。インターナショナルビュッフェ、沖縄料理などのレストランは5つ。 DATA ☎0980-51-1000 住名護市喜瀬1490-1 交那覇空港から空港リムジンバスで2時間7分 料クラブデラックス1泊朝食付2万8091円～ 客室数78室 URL www.okinawa-marriott.com/

1 ジェットバス、アロマバス、バイブラバスなど5種のバスが揃う。宿泊者は1日1人1000円。ビジターは1日1人3000円 2 オーシャンビューの広々とした部屋。西海岸の眺めが抜群で、とくに夕景の美しさは圧巻

極上のリラクゼーションが体験できる

ココ ガーデンリゾート オキナワ

ここ がーでんりぞーと おきなわ

中部 MAP P119B2

亜熱帯の花々に囲まれた、眺めのよい高台にあるガーデンリゾート。客室に設置したアロマポット、チェックイン時にアロマオイルなどを選べる細やかなサービスが、女性を中心に人気を集めている。 DATA ☎098-965-1000 住うるま市石川伊波501 交那覇空港から空港リムジンバスで1時間13分、ルネッサンスリゾートオキナワで無料シャトルバスに乗換15分（無料シャトルバスは前日までに要予約） 料ガーデンツイン1泊朝食付1万2000円～ 客室数96室 URL cocogarden.com/

1 1階は客室バルコニーから中庭・ガーデンへ。2階はシーリングファン付き 2 ハイビスカスやウコン、シークヮーサーなどの沖縄素材を使ったオリジナルトリートメントが受けられる。ココフェイシャル6480円（40分）などのメニューが揃う

森の英気と水の癒やしに満ちた極上のトリートメント

ジ・アッタテラス クラブタワーズ

じ・あったてらす くらぶたわーず

中部 MAP P121A3

恩納村の静かな森と海の美しい景色が一望できる大人の隠れ家。東シナ海を見下ろす高台にあり、極上ステイが満喫できる。人気の「クラブ・スパ」には、オリジナルアロマオイルを使ったトリートメントをはじめ多彩なメニューが揃う。施設利用は16歳以上限定。 DATA ☎098-983-3333 住恩納村安富祖1079 交ザ・ナハテラス（→P55）から専用無料シャトルバスで1時間（宿泊者のみ利用可、前日までに要予約） 料クラブデラックス1泊朝食付2万2020円～ 客室数78室（喫煙ルームあり） URL www.terrace.co.jp/clubtowers/

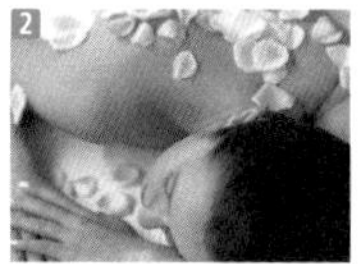

1 バスルームのスライドドアを開けると、ベッドルームとの境がなくなりオープンに 2 スパでは、沖縄のハーブ、月桃やヨモギなどを使用したオリジナルトリートメントも

美と健康を追求するウェルネスステイを

ザ・テラスクラブ アット ブセナ

ざ・てらすくらぶ あっと ぶせな

中部 MAP P121B2

名護湾を望む極上のウェルネスリゾート。タラソプールやタラソテラピートリートメントが充実しており、体調や要望に合わせたプログラムが用意されている。 DATA ☎0980-51-1113 住名護市喜瀬1750 交那覇空港から空港リムジンバスで1時間45分 料デラックスナチュラルガーデンビュー1泊朝食付2万1300円～ 客室数410室 URL www.terrace.co.jp/clubatbusena/

1 専属セラピストのカウンセリングのもと、タラソプログラムが受けられる。トリートメントやアーユルヴェーダなどのプログラムも。料金は要問合せ 2 バスルームとベッドルーム、テラスまでの境がなく、風が吹き抜ける開放的な空間

※繁忙期や曜日などによっては、ひとりでの宿泊ができない場合がありますので、事前にご確認ください

おしゃれで快適な個性派ホテル

ホテル専用ビーチや豊富なアクティビティ、体験メニューなどが充実した個性豊かなホテル。
沖縄らしい建築や自然を体感できるトレーラーハウスなど、宿泊することがイベントになるホテルを探したい。

全室オーシャンビューの大型ホテル

ホテルモントレ沖縄 スパ&リゾート

ほてるもんとれおきなわ すぱあんどりぞーと

中部 MAP P118D3

約1万坪と広大な敷地を有するリゾートホテル。マリンアクティビティが豊富に揃う美しいタイガービーチのほか、バラエティ豊かなプール、天然温泉、エステサロンなどリラックスできる施設が多くあり、一日中楽しめる。陶芸などの屋内体験プログラムも充実している。

DATA ☎098-993-7111 ㊟恩納村冨着1550-1 ㊋那覇空港から空港リムジンバスで1時間8分 ㊕スタンダード1泊朝食付2万4000円～ 客室数339室(全室禁煙) URL www.hotelmonterey.co.jp/okinawa/

1 メインプールのほか、ウェイブプール、スライダープールなども。目の前のビーチではSUPやヨガなどの体験もできる 2 ベッドは海に向かって配されており、明るい日差しを感じながら目覚めることができる

リニューアルでさらにパワーアップ

ルネッサンス リゾート オキナワ

るねっさんす りぞーと おきなわ

中部 MAP P118D4

全室オーシャンビューのビーチリゾートホテル。広大なビーチは沖縄でも名高く、多くの観光客がアクティビティを楽しんでいる。2020年4月にリニューアルオープン予定で、ゲストルームのほか、エントランスやロビーなどの大幅改装でさらに心地よい時間が過ごせる。DATA ☎098-965-0707 ㊟恩納村山田3425-2 ㊋那覇空港から空港リムジンバスで1時間13分 ㊕1泊朝食付1万7000円～ 客室数377室

URL renaissance-okinawa.com/

※2019年11月1日～2020年3月末日まで休館予定

イルカとふれあえるドルフィンプログラムなどが人気

1 ビーチではダイビングやSUPなど、一年を通して楽しめるアクティビティが充実 2 海の世界をイメージした客室が多く、バカンス気分を盛り上げてくれる

やんばるの風を感じるアウトドアリゾート

ウッドペッカー今帰仁

うっどぺっかーなきじん

沖縄美ら海水族館周辺 MAP P123B2

ビーチのすぐそばにずらりと並ぶトレーラーハウス。フォトジェニックでアメリカンな雰囲気と、沖縄らしい風景両方を満喫できる。レストランやプール、SPAもありBBQもOK。ひと味違う沖縄滞在が体験できる。

DATA ☎0980-56-1010 住今帰仁村今泊681 交記念公園前から名護BT行きで9分、具志堅下車、徒歩8分 料ツインルーム1泊8650円～ 客室数14室(全室禁煙) URL woodpecker-nakijin.com/

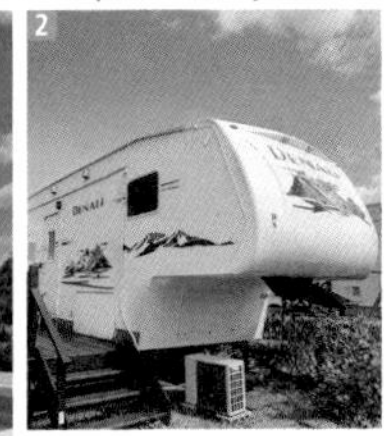

1 プールサイドカフェのドリンクを飲みながらのんびり 2 アメリカンなトレーラーハウスに気分も上がる

デザイナーズホテルで異国の雰囲気を満喫

SPICE MOTEL OKINAWA

すぱいす もーてる おきなわ

中部 MAP P117B2

アメリカ統治時代に造られたモーテルをリノベーションしたデザイナーズモーテル。アメリカンな雰囲気はそのままに、快適に過ごせる空間が広がっている。離れのレセプション兼カフェではコーヒーの無料サービスも。 DATA ☎098-923-1066 住北中城村喜舎場1066 交那覇BTからホテルオリオンモトブ＆スパ行きで28分、喜舎場下車、徒歩19分 料1泊室料5980円～ 客室数17室(全室禁煙) URL spicemotel.com/

1 70年代のカリフォルニアがテーマ 2 本場アメリカのモーテルをイメージ。チェックインもアメリカ方式で新鮮

県内最大級のプールやアクティビティが充実

ヒルトン沖縄北谷リゾート

ひるとんおきなわちゃたんりぞーと

中部 MAP P117B1

2つのスライダーを備えた県内最大級のプールや60種類以上の朝食ブッフェなど、多彩な魅力が盛りだくさんのホテル。1人から受付可能なマリンアクティビティも豊富にあるのでチャレンジしてみたい。

DATA ☎098-901-1111 住北谷町美浜40-1 交美浜アメリカンビレッジから徒歩4分 料1泊朝食付2万2944円～ 客室数346室 URL www.hiltonchatan.jp/

1 エリアによって深さが異なり、スライダーやジャクジーを設置している 2 シンプルなツインからガーデンテラスやバルコニー付きなど、13タイプの客室がある

琉球の地で体験する名門ホテルのホスピタリティ

リッツ・カールトン沖縄

ざ・りっつ・かーるとんおきなわ

中部 MAP P121B3

世界有数のホテルブランド「ザ・リッツ・カールトン」日本初のリゾートホテル。首里城をモチーフとした建築が美しく、名護湾を一望する高台で極上のひとときを過ごしたい。 DATA ☎0980-43-5555 住名護市喜瀬1343-1 交那覇空港から空港リムジンバスで1時間53分 料デラックスツインルーム1泊室料3万4805円～ 客室数97室 URL www.ritzcarlton.com/jp/hotels/japan/okinawa

1 首里城をモチーフとした建物外観。開放感あふれる庭も素敵 2 デラックスツインルーム

※繁忙期や曜日などによっては、ひとりでの宿泊ができない場合がありますので、事前にご確認ください

必勝テクニック

楽しいソロタビを満喫するためには、事前のリサーチや手配、準備はしっかりと。
計画の立て方から持ち物、現地での行動術まで、ソロタビのポイントをアドバイス！

TECHNIQUE 1 プランニング & 予約

目的地を決めたら、旅の準備をスタート！ まずは何に乗って向かい、どこに泊まるかの検討を。すべて自分好みにアレンジできる個人手配か、リーズナブルで手軽なフリープランかの選択をしよう。

交通手段の決め方・選び方

オトク派のフリープラン こだわり派の個人手配

気ままさや、自分好みの宿選びにこだわるなら、交通手段と宿を別々に予約する個人手配になるが、旅行会社の「出張プラン」や「おひとり様歓迎の宿」などのプランや、交通手段と宿泊がセットになったフリープランを利用したり、航空会社のダイナミックパッケージ*や、交通手段も一緒に予約できる「るるぶトラベル」などの宿泊予約サイトを利用したほうが、旅費が安く抑えられたり、ポイントが貯まるなどお得な場合が多い。

ポイントや注意点

個人手配
個人手配は思いのままに予定を組めるのが魅力だが、デメリットは、フリープランより高くつくこと。LCC やホテルの早割などを上手に利用したい。

フリープランや宿泊予約サイト
選択できる航空便や宿泊施設が限られているほか、プランにより異なるが、予約は出発の７日前〜前日までのことが多い。また、変更・取消料が発生する時期も個別予約より早いなど、条件や制限があるので確認してから申し込もう。

宿と交通手段をセットで予約できる主なサイト
るるぶトラベル　https://rurubu.travel/
JALダイナミックパッケージ　https://www.jal.co.jp/
ANA 旅作　https://www.ana.co.jp/
など。

沖縄への交通手段は飛行機 割引やLCC の利用などでお得に

沖縄への交通手段は飛行機。値段は時期により大きく異なるが LCC の利用や早期予約などのキャンペーンで、安く利用できる場合もある。

大手航空会社の割引運賃は、早く購入するほど、利用の少ない時間帯ほど割引率が高くお得。ANAは「スーパーバリュー 75」が、JALは「ウルトラ先得」が最安値で、ともに 75 日前までの予約が条件。割引率が 70%を超えることもあり魅力的だが、予約変更ができず、取消手数料も高いので注意。LCCは、ホームページ表示の値段は乗るだけのもので、別に手数料が必要。運賃の内容は会社により異なるが、基本は座席の指定や手荷物の預託、機内の飲食などすべて別料金になる。チェックインの締切時間なども早いので、利用する前にしっかり確認したい。

沖縄の玄関口である那覇空港

＊：ダイナミックパッケージ＝飛行機やJRなどの交通手段と宿を自由に組み合わせて、予約できるツアー商品

インターネット・通信環境

旅のおともは、やはりスマホ Wi-Fi 環境や充電スポットをチェック

近年は外国人旅行者の増加もあって、多くの宿泊施設で、無料 Wi-Fi が完備されている。宿で調べ物や充電をしておくと安心。それでも、観光や移動中に充電が不足することもあるので、モバイルバッテリーを持っていこう。なお、携帯ショップのほか、一部コンビニや、家電量販店、ネットカフェには、スマホの充電スポットを備えているところもある。いざというときのために覚えておきたい。また、おすすめ観光地を紹介する観光アプリを提供している自治体も多いので、目的地が決まったら調べてみよう。

現地での移動と＋α

観光に便利な交通手段やきっぷ、現地発のガイドツアーも調べよう

コンパクトな観光地なら、レンタサイクルも気の向くままの旅に便利。那覇市内にはレンタサイクルのサービスがあり、電動自転車でらくらく移動できる。ゆいレールやバスの１日乗車券なども上手に利用したい。街歩きツアーや、観光施設のガイドツアー、体験プログラムなどに参加すれば、より深い旅が楽しめる。予約が必要な場合もあるので、事前に観光協会などに問合せをしておくといい。そのほか、街巡りバスなどの運行がある場合は、ぜひ利用しよう。効率よく、ひとりでは行きづらい場所にも行ける。なお、車の運転は、自信のある場合はともかく、慣れない土地や道路で集中力が分散しがちなので、できるだけ避けたい。

那覇市の観光レンタサイクルサービス「ちゅらチャリ」

宿の選び方

交通拠点から徒歩5分以内の宿を選ぶ

駅・バスターミナル・繁華街の中心など、旅の交通拠点となる場所から徒歩５分以内の宿を選ぼう。到着日・帰着日に荷物を置いて身軽に行動できる。離れた場所になった場合は荷物を送っておくのも一案。宿を選ぶ際には、地図アプリなどを利用して、コンビニの有無など周辺環境をチェックしておこう。駅やバスターミナルなど交通拠点から離れた場所に泊まるのはリゾートホテルなど、「滞在」自体を楽しむ場合のみにしたい。

ひとり時間重視か コミュニケーション重視か

「ひとり旅」の時間を楽しむなら、やはりシティホテルやビジネスホテルが気ままに過ごせていい。部屋でごはんを食べても侘しくない程度のゆとり（広さ）やおしゃれ感があるとなおよい。

一方、観光重視なら寝るだけと割り切って、進化系カプセルホテルやドミトリーなどもいい。ただ、プライベートスペースが少なく、人の出入りなどが気になる場合も。安全面が気になる女性は、レディースフロアの有無を確認しよう。

旅行者同士の交流や情報交換を楽しみたいなら、ゲストハウスやドミトリーはおすすめ。交流できる共有スペースがあったり、相部屋利用が多いのが特徴だ。リゾートホテルでは、スパやアクティビティ体験などもできるのが魅力。

ハレクラニ沖縄ではサンセットロビーから美しい絶景を望む

TECHNIQUE 2

持ち物チェック！

身軽に出かけたいソロタビ。メインのバッグのほか、観光用のサブバッグを用意して。サブバッグは小型ガイドブックやペットボトルが入る程度のサイズが望ましい。

身軽が一番！ パッキング術

POINT 1

メインバッグは極力小さく

盗難防止のためにも、キャリーバッグはトイレの個室に入るサイズがおすすめ。荷物が少なければリュックスタイルもいい。

POINT 2

衣類は小さく丸める

衣類はたたまず1枚ずつ丸めるほうが、取り出しやすくたくさん入る。下着や靴下もまとめて入れずに小さく丸め、隙間を埋めるのに活用。

POINT 3

こわれものは中央に

電化製品などこわれやすいものは、クッション代わりに衣類やタオルなどでくるんで真ん中に入れて、保護しておけば安心だ。

POINT 4

空きスペースを作っておく

買い物をして荷物が増えることも想定し、空きスペースを作っておこう。行き帰りはメインバッグごと宅配便で送ってしまうのもアリだ。

あると便利なもの

旅行に必要なマストアイテムと、あると便利なお役立ちグッズをご紹介。

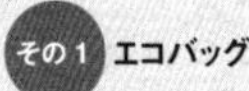

その1 エコバッグ

ひとりだと忘れ物をしがちなので、荷物はあまり手に持たずに。買ったおみやげや脱いだ上着を入れたりと、何かと活躍する。

その2 除菌シート・ウェットティッシュ

乗り物や食事処、宿の客室などで、ちょっとした汚れが気になるときにさっとひと拭きできると快適。サブバッグに入れておこう。

その3 輪ゴム&ふせん

輪ゴムはお菓子の袋を留めたり小物をまとめるのに活用。ガイドブックに目印を付けたり、メモにしたりと、ふせんが役立つ。

その4 クリアファイル&レジ袋

チケットやパンフレット、レシートなどはクリアファイルに入れ持ち帰ろう。レジ袋はゴミ袋にも濡れた物を入れるのにも使える。

その5 マスク&のど飴&ストール

乗り物やホテルでの乾燥対策にマスク、のど飴、水など用意。冷房対策や寒暖差への対応にストールを持ち歩きたい。

持ち物チェック一覧

メインバッグ

- ☐ 衣類
- ☐ 下着・靴下
- ☐ 羽織物
- ☐ 洗面用具
- ☐ 化粧品
- ☐ ハンドタオル／手ぬぐい
- ☐ 日焼止め
- ☐ 常備薬
- ☐ 折り畳み傘（晴雨兼用）

サブバッグ

- ☐ 現金・クレジットカード
- ☐ スマートフォンなど携帯端末／充電器・モバイルバッテリー
- ☐ カメラ／充電池・充電器
- ☐ 帽子・サングラス
- ☐ ガイドブック
- ☐ ティッシュ
- ☐ ハンドタオル
- ☐ ペン
- ☐ ペットボトル
- ☐ 保険証

TECHNIQUE 3

上手な旅のポイント

何でも自分のペースで気ままに楽しめるソロタビ。
安全に充実した旅を楽しむために知っておきたいポイントとは…。

ひとりでも困らない行動術

どうする? ひとりごはん…

ひとりで座りやすいのは、カウンター席。沖縄そばやハンバーガーなどのアメリカンフード店を夕食にするのも手だ。また、国際通りの飲食店は比較的ひとりでも利用しやすいし、地元グルメの店が数多く集まっているのでおすすめ。ほか、宿で近隣の店を紹介してもらうのもよし、市場などで弁当や地酒を買い、ホテルの部屋で食べるのも気楽でいい。2019年3月にリニューアルした那覇空港には、新エリア「YUINICHI STREET」やフードコートなども完成し、旅の行き帰りに活用できる。

地元スーパーや市場に行こう

地元のスーパーや市場、大型商業施設の食品フロアなどをのぞいてみるのも楽しい。ご当地食材を使った惣菜や地域限定商品、地元で愛されるソウルフードのほか、手頃なおみやげも見つかるかも。

街の概要を把握しよう

地図アプリなどで、位置確認やルートなどは簡単に検索できるが、ひとりの場合は街の全体像を把握しておくと、行動の際に慌てることが少ない。観光案内所で無料配布されているMAPももらいたい。国際通り周辺は徒歩での観光、那覇から首里へはゆいレールを利用、那覇から各エリアへはバスを利用など、雰囲気や距離感を早めにつかみたい。

便利&オトクな情報収集

観光案内所で地図やクーポンを入手

目的の街や駅、ターミナルに着いたら、まずは観光案内所へ。主要駅や大型観光施設にはたいてい観光案内所があり、現地ならではのこまやかな情報が載った地図やパンフレット類を入手できる。各種施設の割引券やクーポンが付いていることもある。観光スポットまでのアクセスや回り方なども親切にアドバイスしてくれるので気軽に立ち寄りたい。

那覇市観光案内所で情報をGETしよう!

荷物を預けて、ラクラク観光

那覇空港などで荷物を預けると、宿泊先の宿まで運んでくれるキャリーサービスがあるので、ぜひ利用したい。提携宿は個別の確認が必要だが、利用すれば、旅の初日も最終日も、重い荷物を持ち歩かずに旅を満喫できる。

公共交通機関の割引券をチェック

那覇市内を中心に走るゆいレールや、那覇から各エリアへ移動するためのバスやフェリーなどの交通手段を確認。最適なルートが決まったら、各交通機関に一日乗車券などの乗り放題チケットや、観光スポットとのセット券がないか調べたい。

防犯のための注意点

慎重な行動で、自分の身は自分で守る!

治安の良くない場所や通りを把握し、夜は極力通らない。散策時は貴重品をなるべく持たず、ホテルのセーフティボックスに預けよう。SNSへの写真投稿は、位置情報が入ることがあるので注意して。歩きスマホや地図を見ながら歩くのは危険。カフェやベンチで調べてから歩こう。

滞在と散策のヒントをチェック!

日程はどうする? どうやって行く? 何を食べる?など、
沖縄でのソロ旅のポイントはコチラ! 旅のプランニングの参考にしてみて。

旅のプランニングに…

おすすめの旅行シーズンは7~9月 ツアー料金が安くなる冬も狙い目

1年中観光客で賑わう沖縄。なかでも美しいコバルトブルーの海を楽しむなら、旅行期間は7~9月がおすすめ。寒さから逃れることができる11~3月はオフシーズンになるので、繁忙期を避けるなら検討の価値あり。ツアー料金が安く設定されていることも多い。

南国ムード満点の沖縄! 季節や天候で注意したいことも

海開きは3~4月ごろに行われるがまだ肌寒く、海遊びをするなら梅雨が明ける6月下旬~9月がベスト。ビーチでのんびり過ごしたいなら夏休み期間は避けたい。沖縄は台風の通り道でもあり、台風の発生しやすい7~9月ごろは天気に注意。

熱気に包まれる沖縄のイベント オフシーズンならではの楽しみ方も

沖縄ならではのイベントを見学するなら、エイサーに注目するのも楽しい。7~8月は国際通りのほか、各市町村で夏祭りが開催され圧巻の踊りを間近で見られる。

主な祭り・イベント
- プロ野球春季キャンプ… 2月
- 海開き … 3月下旬~4月
- 那覇ハーリー… 5月3~5日
- 糸満ハーレー… 5月下旬~6月ごろ
- 沖縄全島エイサーまつり… 旧盆明けの最初の週末

※このほか各市町村で夏祭りを開催。詳細は各市町村にお問い合わせください。

沖縄全島から選抜された団体が、中部エリアのコザ運動公園に集結する沖縄最大のエイサーまつり

初めての沖縄なら2泊3日がベスト 那覇市内だけなら1泊2日もOK

初めての沖縄旅行で、観光施設をしっかり見学したいなら2泊3日の旅がおすすめ。沖縄本島は意外と広く、見どころが各地に点在しているので移動に時間を要する。また、公共交通機関での移動は発車時間の都合もあるので余裕をもった行動が大切。那覇市内の観光なら1泊2日で巡ることもできる。国際通り周辺なら徒歩で観光ができ、那覇市内や首里ならゆいレールで簡単に移動できる。

国際通りの最寄駅である牧志駅から首里駅まではゆいレールで12分ほど

行き先はどう選ぶ? 目的に合わせたエリアを選択しよう

●沖縄らしさを感じる街歩きをするなら…

国際通りは沖縄いちばんの繁華街で、数多くの沖縄らしい飲食店やショップが立ち並ぶ。国際通りから路地裏に進むと、マリンモチーフの雑貨店やスーパー、市場などもある。沖縄情緒が漂う石畳の道や首里城公園がある首里も徒歩での散策が可能。

●人気スポットを押さえるなら…

沖縄美ら海水族館、エメラルドビーチ、備瀬のフクギ並木、斎場御嶽、平和祈念公園などが代表的な観光スポット。これらを中心に、グルメやショッピング、制作体験などを上手に組み合わせてみたい。

●リゾートや海をのんびり楽しむなら…

中部の西海岸リゾートエリアのホテルで1日過ごすのも◎。プライベートビーチがあるホテルや、スパ、アクティビティプログラムを開催している場合もあるので、ホテルの予約時に確認を。

沖縄に着いたら…

グルメの王道は沖縄そばと トロピカルな南国スイーツが魅力的

名物グルメは、店によりこだわりの味わいを提供する沖縄そば。トンコツとカツオ節のブレンドスープをベースに、その店オリジナルの味を楽しめる。ほかにも、南国フルーツがのったかき氷やスムージー、アイスクリームなどのコールドスイーツも大人気。

「ukigumo CAFE」のかき氷フジサン

「しむじょう」の三枚肉そばセット

おみやげ探しなら国際通りや市場へ リニューアルした那覇空港も大活躍!

国際通りのショップや路地裏のセレクトショップでは、ご当地の食みやげ、お菓子や調味料、紅型や琉球ガラスなどの工芸品まで販売している。壺屋やちむん通りにも近く、作家のぬくもりを感じる器やカップをゆっくり選ぶことができるのもうれしい。

また、2019年3月に那覇空港がリニューアルし新エリアである「YUINICHI STREET」が誕生。国内線と国際線をつなぐ場所に完成し、[oHacorte] や琉球ガラス村のセレクトショップなど、沖縄で有名な飲食店やみやげ店が集結。国際線エリアにはフードコートがオープンしますます便利になった。

国際通りに立ち並ぶ店には多様なショップがずらり。レストランや食べ歩きにぴったりの軽食も

那覇空港の新エリアである「YUINICHI STREET」には35店舗が新規オープン

那覇空港に到着したら 移動の拠点となる那覇市街地を目指す

那覇空港から那覇市の中心街へは、ゆいレールを利用する。国際通りはもちろん、首里城公園など那覇市内を観光する場合も便利だ（日中はほぼ8分間隔、平日ラッシュ時の那覇空港～首里間は4分間隔で運行）。空港ビルに直結のゆいレール那覇空港駅には、2階の連絡通路から徒歩で移動できる。

那覇近郊の観光地へは、路線バスでの移動も可能。ただし路線網が複雑なので、降りたいバス停に停まることを運転手に確認して乗車しよう。バスの起点となるのは、ゆいレール旭橋駅隣接の那覇バスターミナルで、那覇市内のバスのほか、各エリアへのバスも停車する。

2019年10月ゆいレールが延伸してさらに便利になった

那覇空港からバスを利用して 各エリアの観光地へ向かう

那覇空港から中・北部の主要リゾートホテルへは、空港リムジンバスや沖縄エアポートシャトルが便利。沖縄美ら海水族館に直行するなら、やんばる急行バスや沖縄エアポートシャトル特急便、美ら海ライナーも利用できる。

ホテル行きの空港リムジンバスは移動もスムーズにできるのでホテルを選ぶ際は参考にしたい

国際通りと沖縄美ら海水族館は 必ず行きたい2大スポット

那覇エリアでは、沖縄で最大の賑わいを見せる国際通りの散策は欠かせない。北部エリアでは、沖縄美ら海水族館を訪れ、周辺の海洋博公園や備瀬のフクギ並木などを合わせて観光したい。

沖縄美ら海水族館の熱帯に生息するカラフルな魚たちにうっとり

TRAVEL INFORMATION

沖縄・那覇への行き方

飛行機で

沖縄へは飛行機の路線が複数あり、全国各地からアクセスが可能。とりわけ羽田空港からは1日30便あり、日程も組みやすい。

■那覇空港への航空路線

（各路線とも那覇空港行き）

羽田空港（東京）	ANA 2時間45分~3時間05分	JAL 2時間50分~3時間	SKY 2時間55分~3時間05分		
成田空港（千葉）	ANA 3時間15分	JJP 3時間15~25分	APJ 3時間40分		
新千歳空港（北海道）	ANA 4時間				
仙台空港（宮城）	ANA 3時間15分				
新潟空港（新潟）	ANA 3時間10分				
中部空港（愛知）	ANA 2時間30~40分	JTA 2時間25~30分	SKY 2時間25~35分	SNA 2時間30分	JJP 2時間35分
関西空港（大阪）	ANA 2時間15~25分	JTA 2時間15~25分	APJ 2時間25分	JJP 2時間15~25分	
伊丹空港（大阪）	ANA 2時間15~20分	JAL 2時間10~20分			
神戸空港（兵庫）	ANA 2時間15~20分	SKY 2時間15~20分	SNA 2時間15~20分		
広島空港（広島）	ANA 2時間				
高松空港（香川）	ANA 2時間15分				
福岡空港（福岡）	ANA 1時間40~55分	JTA 1時間40~55分	SKY 1時間45分~2時間	JJP 1時間55分	
北九州空港（福岡）	ANA 1時間50分	SFJ 1時間50分			
鹿児島空港（鹿児島）	ANA 1時間25~35分	SNA 1時間25~35分			

那覇空港

※上記以外にも、富士山静岡空港（静岡）、茨城空港（茨城）、小松空港（石川）、岡山桃太郎空港（岡山）、岩国錦帯橋空港（山口）、松山空港（愛媛）、長崎空港（長崎）、阿蘇くまもと空港（熊本）、宮崎ブーゲンビリア空港（宮崎）から発着便があります。

問合先

全日空（ANA）
☎ 0570-029-222

日本航空（JAL）
日本エアコミューター（JAC）
☎ 0570-025-071

スカイマーク（SKY）
☎ 0570-039-283

ソラシド エア（SNA）
☎ 0570-037-283

スターフライヤー（SFJ）
☎ 0570-07-3200

ピーチ（APJ）
☎ 0570-001-292

ジェットスター・ジャパン（JJP）
☎ 0570-550-538

第一マリンサービス
☎ 098-860-0152

沖縄観光タクシー
☎ 080-4275-1774（予約）

TRAVEL INFORMATION

那覇空港から周辺エリアへ

■那覇空港からのアクセス

出発	交通手段	所要時間	乗換	交通手段	所要時間	乗換	交通手段	所要時間	目的地
那覇空港	ゆいレール	16分							那覇（牧志駅）
那覇空港	ゆいレール	28分							首里（首里駅）
那覇空港	ゆいレール	10分	旭橋駅	徒歩	2分	那覇 BT	琉球バス交通・沖縄バス・那覇バス	53分～1時間14分+徒歩3分	平和祈念公園（平和祈念堂入口）
那覇空港	ゆいレール	10分	旭橋駅	徒歩	2分	那覇 BT	東陽バス	54分+徒歩20分	斎場御嶽（斎場御嶽入口）
那覇空港	那覇空港線・空港リムジンバス	1時間35分							読谷村（読谷 BT）
那覇空港	那覇空港線	1時間35分							恩納村（恩納村役場前）
那覇空港	ゆいレール	10分	旭橋駅	徒歩	2分	那覇 BT	琉球バス交通・沖縄バス	36～52分+徒歩7分	美浜アメリカンビレッジ（美浜アメリカンビレッジ入口）
那覇空港	ゆいレール	10分	旭橋駅	徒歩	2分	那覇 BT	琉球バス交通・沖縄バス・東陽バス・那覇バス	1時間25～35分	名護（名護 BT）
那覇空港	琉球バス交通・沖縄バス・那覇バス・やんばる急行バス・空港リムジンバス・沖縄エアポートシャトル・美ら海ライナー	1時間55分～2時間37分							沖縄美ら海水族館（記念公園前）

■沖縄エアポートシャトルで空港から中部・北部へ

那覇空港から中部・北部の観光名所へ一気に移動するなら、沖縄エアポートシャトルがおすすめ。中部のリゾートホテルやビーチ、沖縄美ら海水族館、オキナワハナサキマルシェ、備瀬のフクギ並木など北部の観光名所を結び、乗換え不要で移動ができる。那覇空港から1日22便あり、沖縄美ら海水族館までは特急で1時間55分、2000円。問合先はP107を参照。中部のリゾートホテルや、読谷BT、名護BTなどの主要BTへのアクセスなら空港リムジンバス(→P106)が便利。

■観光タクシーで移動する

時間を効率的に使って、あちこち観光するには、観光タクシーという手もある。タクシー会社や個人タクシーのグループがモデルコースを設定しているほか、希望箇所を組み合わせるフリープランも。那覇を起点とした所要時間の目安は、南部方面が4～6時間、中部方面が6～8時間、北部方面が6～10時間。割引料金を設定している会社や個人グループも多い。

■高速船で海景色を楽しむ

「海からぐるっとExpress」は、2019年4月に誕生した第一マリンサービス（那覇市）が運航する高速船。那覇港（那覇市）と北谷フィッシャリーナ（北谷町）を約30分でつなぎ、海から沖縄本島を眺めながら移動ができる。乗船は900円、1日5往復10便が運航。

※那覇から恩納、本部行きの高速船は2020年4月にリニューアルして運航予定。詳細は公式サイトをご確認ください。URL daiichi-marine.com/

移動のお役立ち情報

LCCの運賃に含まれるのは「乗るだけ」

LCCサイトで表示されたねだんは、飛行機に乗るだけのもの。手荷物を預けたり、座席の指定をするには、別料金が必要だ。空港に行ってから手続きすると割高になるので、ネットで予約する時に同時に申し込みを。

LCCの搭乗締め切りは45～60分前と早く、それを過ぎると搭乗できないので注意。1時間前には空港到着を心がけよう。

リアルタイムのバス運行情報を検索!

「バスなび沖縄」は、琉球バス交通、沖縄バス、東陽バス、那覇バスの4社のバスの時刻表・運賃、乗りたい系統のバスの現在地検索ができる。スマートフォン用アプリもある。URL www.busnavi-okinawa.com/top/

沖縄・那覇での回り方

ゆいレール

那覇市内を移動するなら、沖縄唯一の鉄道であるゆいレールを活用。那覇空港からの国際通りや首里城公園へ移動するのに便利。

公共交通で国際通りや首里城などを観光するなら、モノレールのゆいレールが便利。日中はほぼ 8 分間隔、ラッシュ時の那覇空港駅～首里駅間は 4 分間隔の運行で、那覇空港駅発は始発が 6 時、終発が 23 時 30 分。なお、きっぷは QR コード（二次元バーコード）を使用したもので、自動改札機にはきっぷの投入口がなく、読取機のタッチ部にきっぷの QR コードを当てて通る。IC カード乗車券も独自規格のため、Suica など本土の交通系 IC カードは利用できないので注意したい。

お得な情報をチェック

フリー乗車券

何度も乗り降りするならフリー乗車券がお得。「一日乗車券(24 時間有効)」800 円と「二日乗車券(48 時間有効)」1400 円があり、券売機や窓口で購入した時刻から、翌日(二日券は翌々日) の同時刻まで利用できる。ゆいレール沿線以外も回るなら、ゆいレール＋那覇バスの市内線区間が乗り降り自由の「バスモノパス」1000 円もあり、こちらは使用開始当日のみ有効

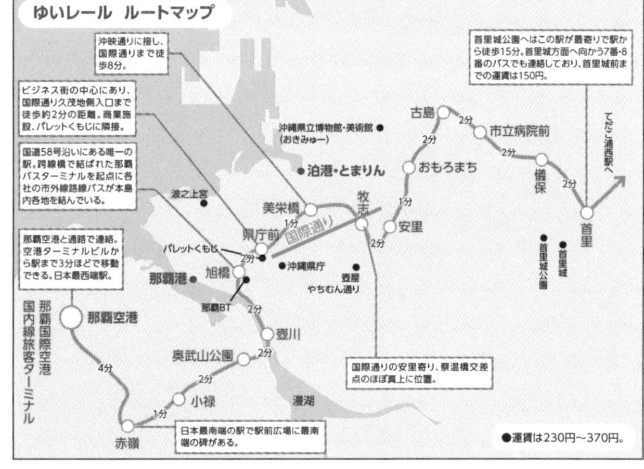

問合先

ゆいレール
☎ 098-859-2630（代表）

空港リムジンバス

那覇空港と中・北部の主要なリゾートホテルを結ぶバス。沖縄バスが運行しており、3か月前から予約が可能。

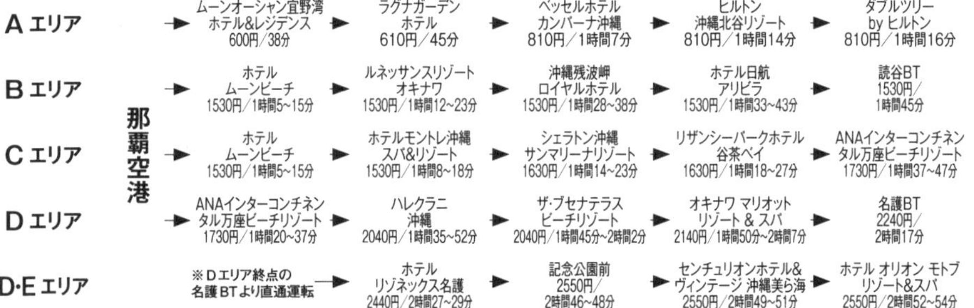

那覇空港					
Aエリア	ムーンオーシャン宜野湾ホテル&レジデンス 600円/38分	ラグナガーデンホテル 610円/45分	ベッセルホテルカンパーナ沖縄 810円/1時間7分	ヒルトン沖縄北谷リゾート 810円/1時間14分	ダブルツリー by ヒルトン 810円/1時間16分
Bエリア	ホテルムーンビーチ 1530円/1時間5~15分	ルネッサンスリゾートオキナワ 1530円/1時間12~23分	沖縄残波岬ロイヤルホテル 1530円/1時間28~38分	ホテル日航アリビラ 1530円/1時間33~43分	読谷BT 1530円/1時間45分
Cエリア	ホテルムーンビーチ 1530円/1時間5~15分	ホテルモントレ沖縄スパ&リゾート 1530円/1時間8~18分	シェラトン沖縄サンマリーナリゾート 1630円/1時間14~23分	リザンシーパークホテル谷茶ベイ 1630円/1時間18~27分	ANAインターコンチネンタル万座ビーチリゾート 1730円/1時間37~47分
Dエリア	ANAインターコンチネンタル万座ビーチリゾート 1730円/1時間20~37分	ハレクラニ沖縄 2040円/1時間35~52分	ザ・ブセナテラスビーチリゾート 2040円/1時間45分~2時間2分	オキナワ マリオット リゾート & スパ 2140円/1時間50分~2時間7分	名護BT 2240円/2時間17分
D･Eエリア	※Dエリア終点の名護BTより直通運転 → ホテル リゾネックス名護 2440円/2時間27~29分	記念公園前 2550円/2時間46~48分	センチュリオンホテル&ヴィンテージ 沖縄美ら海 2550円/2時間49~51分	ホテル オリオン モトブ リゾート&スパ 2550円/2時間52~54分	

※那覇空港では国内線ターミナル、国際線ターミナルの順に停車します。全便が那覇BTを経由します。上記以外にも停車ホテルがあります。詳細は公式HPでご確認ください。

路線バス

那覇バスターミナルからは路線バスが複数運行している。街並みや海岸の海景色などを楽しみながら、那覇以外のエリアへ。

沖縄本島には大手のバス会社が4社あり、運行系統もとても多い。利用のポイントは乗るべきバスを系統番号で見分けること。系統番号が同じなら、バス会社が異なっても同じ路線だ。ただし、同じ会社の同じ系統番号のバスでも経由が複数あることがあるので、運転手に目的のバス停を通るか確認しよう。なお、やんばる急行バスなど大手4社以外の路線バスには系統番号はない。

問合先

琉球バス交通
☎ 098-851-4516

沖縄バス
☎ 098-862-6737

東陽バス
☎ 098-947-1040

那覇バス
☎ 098-851-4517

やんばる急行バス
☎ 0980-56-5760

沖縄エアポートシャトル
☎ 098-996-3539

国頭村営バス（辺戸岬方面）
☎ 0980-41-2101

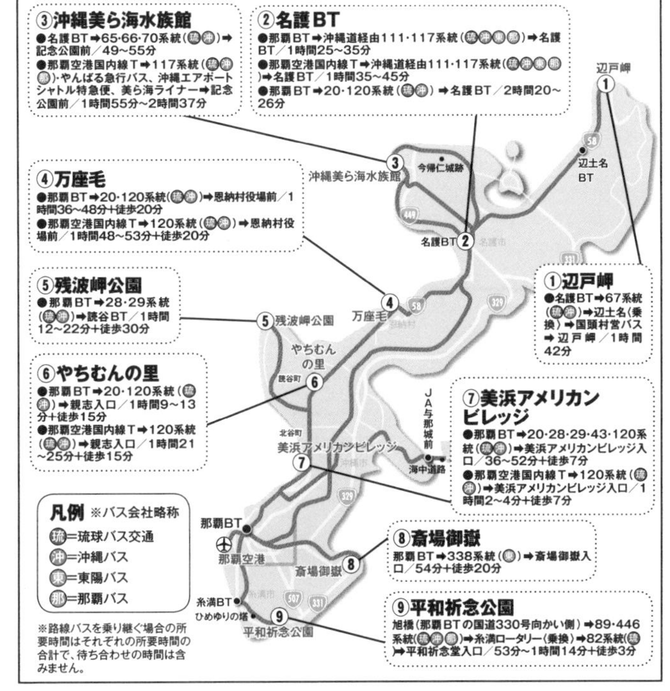

お得な情報をチェック

沖縄路線バス周遊パスを活用して沖縄本島を巡る

沖縄本島を走る大手4社（琉球バス交通·沖縄バス·那覇バス·東陽バス）の路線バスが1日、または連続3日間乗り放題。1日券2500円、3日券5000円。ただし高速バス(111·117系統)·空港リムジンバス·定期観光バスや4社以外のバスには乗車不可。ゆいレールの1日券をセットした「ゆいレールプラス」もある。発売は観光目的の県外在住者に限る。購入は那覇空港観光案内所、那覇バスターミナル、各バス会社の営業所、Tギャラリア沖縄内JTBで。

定期観光バス

沖縄のみどころをおまかせで効率よく回れる。那覇を起点に、2社がそれぞれ南部方面と北部方面のコースを毎日運行している。

■沖縄バス

●おきなわワールドと戦跡めぐり（7時間／4900円）

見学…おきなわワールド・平和祈念公園・ひめゆりの塔・アウトレットモールあしびなー

●美ら海水族館と今帰仁城跡（9時間40分／5500円）

見学…万座毛・センチュリオンホテルリゾートヴィンテージ沖縄美ら海（ランチバイキング）・沖縄美ら海水族館・今帰仁城跡・ナゴパイナップルパーク ※昼食付き

■那覇バス

●西海岸満喫美ら海コース（9時間／6000円）

見学…琉球村・万座毛・ホテルゆがふいんおきなわ（ビュッフェ）・沖縄美ら海水族館・ナゴパイナップルパークまたはOKINAWAフルーツらんど ※昼食付き

●首里城・おきなわワールドコース（7時間／5500円）

見学…首里城公園・おきなわワールド・平和祈念公園・ひめゆりの塔・平和祈念資料館・道の駅いとまん ※昼食付き

沖縄全体図

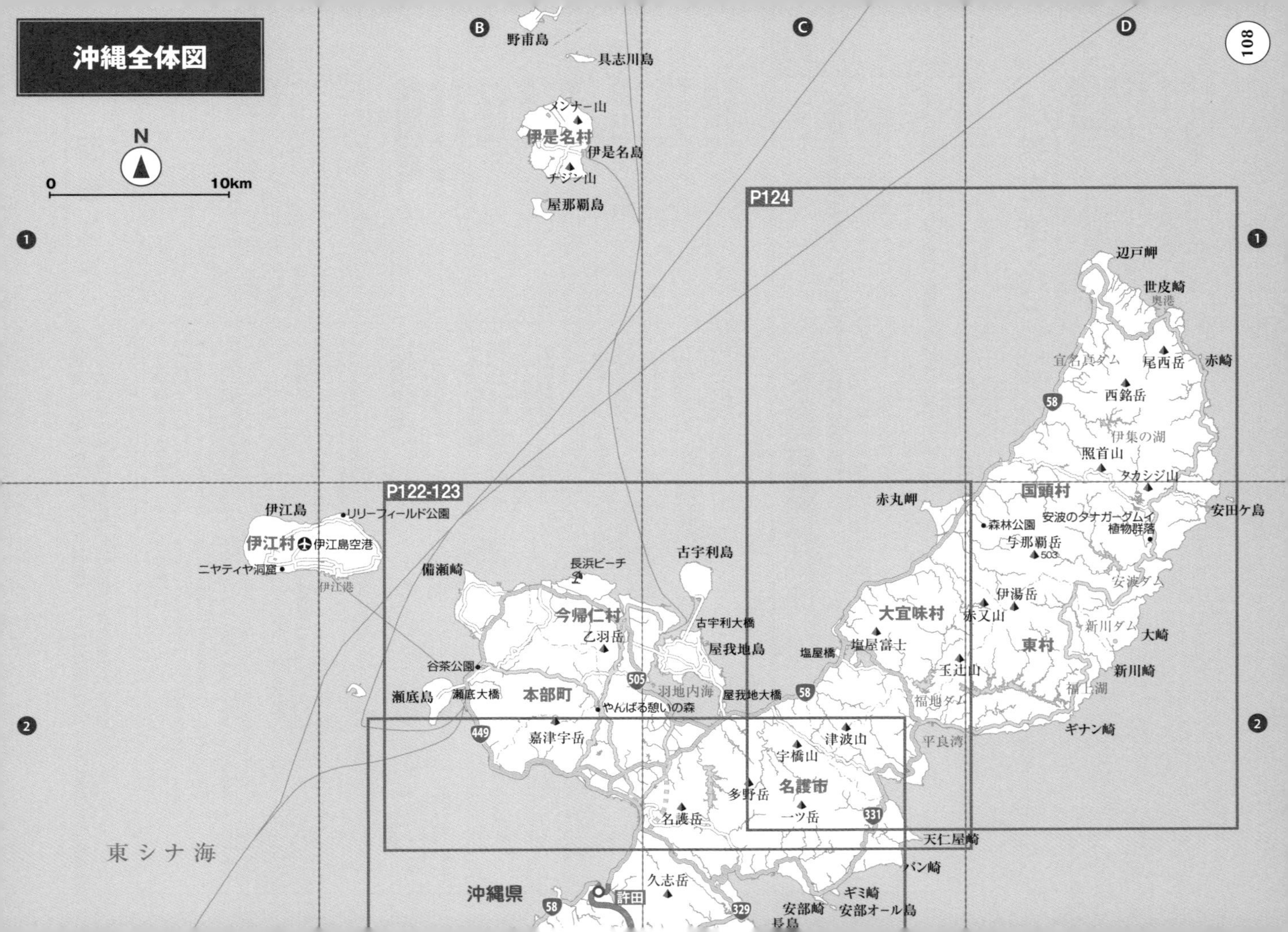
N
0
10km
野甫島
具志川島
メンナー山
伊是名村
伊是名島
チジン山
屋那覇島
P124
P122-123
辺戸岬
世皮崎
奥港
宜名真ダム
尾西岳
赤崎
西銘岳
58
伊集の湖
照首山
タカシジ山
国頭村
安田ケ島
赤丸岬
森林公園
安波のタナガーグムイ植物群落
与那覇岳
503
安波ダム
伊湯岳
赤又山
大宜味村
東村
新川ダム
大崎
塩屋橋
塩屋富士
玉辻山
新川崎
福上湖
福地ダム
ギナン崎
平良湾
伊江島
リリーフィールド公園
伊江村
伊江島空港
ニヤティヤ洞窟
伊江港
備瀬崎
長浜ビーチ
古宇利島
今帰仁村
古宇利大橋
乙羽岳
屋我地島
谷茶公園
505
羽地内海
屋我地大橋
瀬底島
瀬底大橋
本部町
やんばる憩いの森
449
嘉津宇岳
津波山
宇橋山
名護市
多野岳
名護岳
一ツ岳
331
天仁屋崎
東シナ海
バン崎
久志岳
ギミ崎
沖縄県
許田
329
安部崎
安部オール島
長島

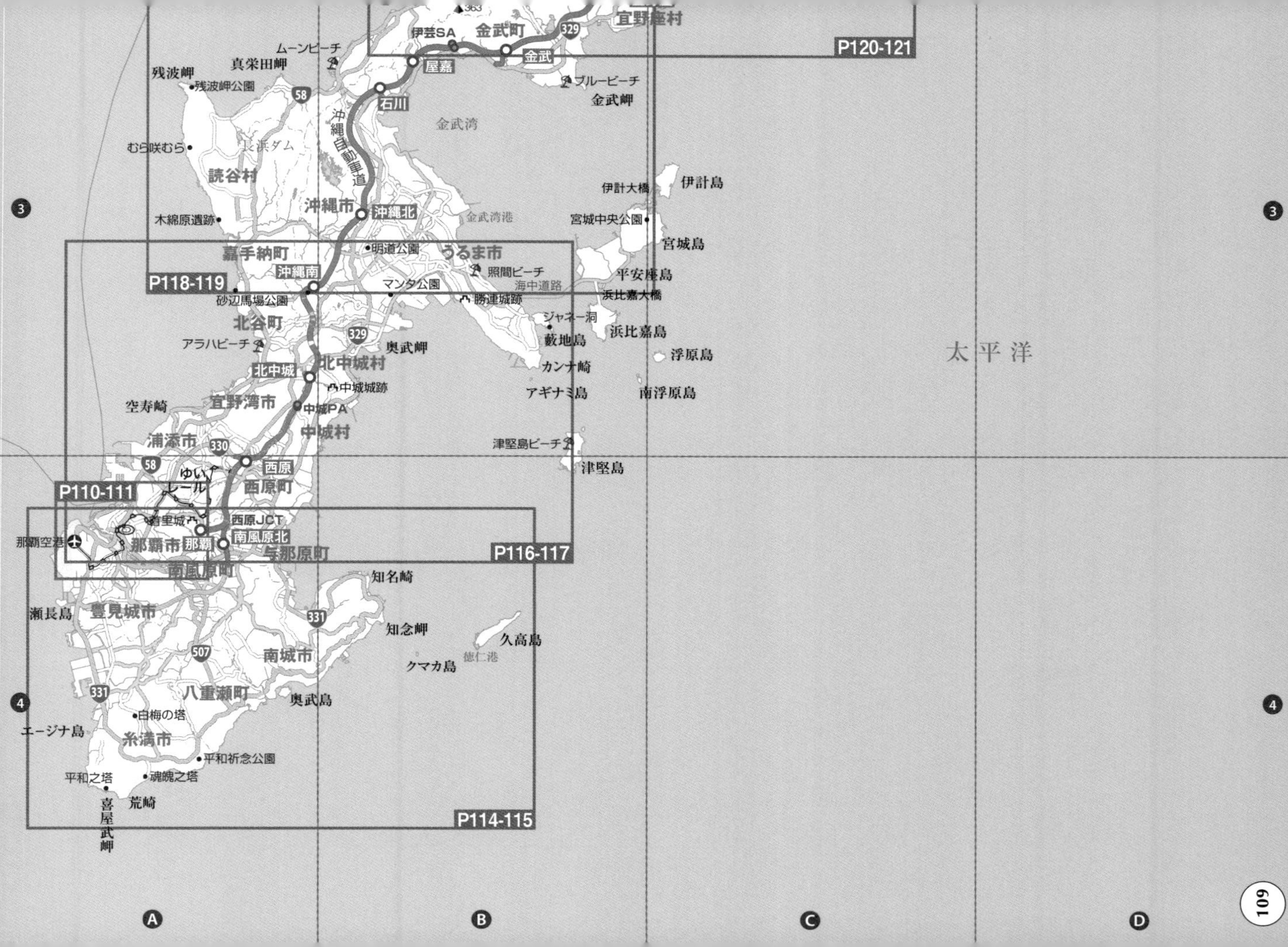

P120-121
宜野座村
金武町
伊芸SA
屋嘉
金武
ムーンビーチ
真栄田岬
残波岬
残波岬公園
ブルービーチ
金武岬
石川
沖縄自動車道
金武湾
長浜ダム
むら咲むら
読谷村
伊計大橋
伊計島
沖縄市
沖縄北
木綿原遺跡
金武湾港
宮城中央公園
宮城島
嘉手納町
明道公園
うるま市
照間ビーチ
平安座島
P118-119
沖縄南
マンタ公園
海中道路
浜比嘉大橋
砂辺馬場公園
勝連城跡
北谷町
ジャネー洞
薮地島
浜比嘉島
アラハビーチ
奥武岬
浮原島
北中城
北中城村
カンナ崎
中城城跡
アギナミ島
南浮原島
空寿崎
宜野湾市
中城PA
中城村
太平洋
浦添市
津堅島ビーチ
津堅島
西原
西原町
ゆいレール
P110-111
首里城
西原JCT
那覇空港
那覇市
那覇
南風原北
与那原町
P116-117
南風原町
知名崎
瀬長島
豊見城市
知念岬
久高島
徳仁港
南城市
クマカ島
八重瀬町
奥武島
白梅の塔
エージナ島
糸満市
平和祈念公園
平和之塔
魂魄之塔
荒崎
喜屋武岬
P114-115
58
329
330
331
507
3
4
A
B
C
D

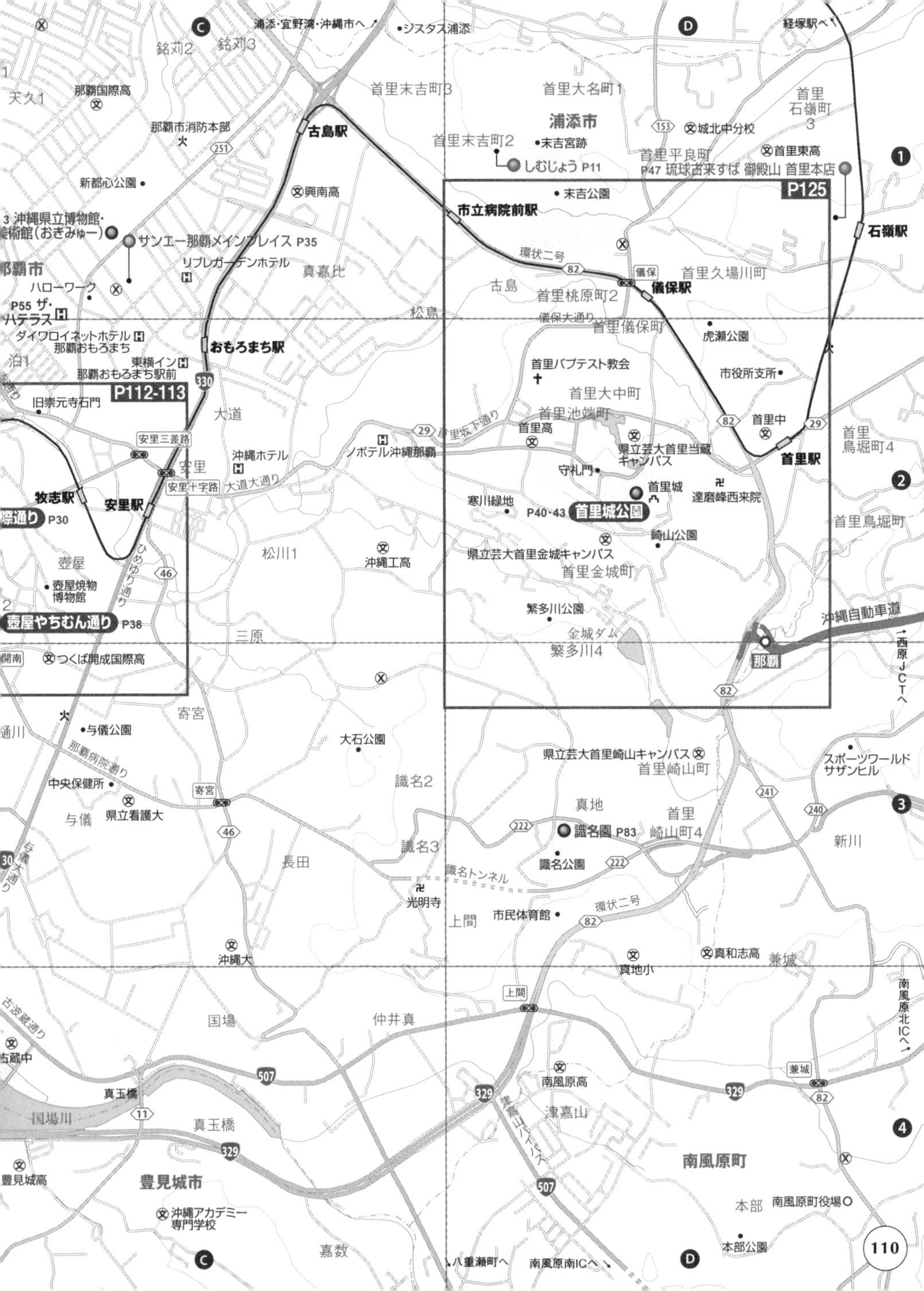
浦添・宜野湾・沖縄市へ
シスタス浦添
経塚駅へ
銘苅2
銘苅3
首里末吉町3
首里大名町1
天久1
那覇国際高
首里石嶺町3
浦添市
那覇市消防本部
古島駅
首里末吉町2
末吉宮跡
城北中分校
首里平良町
首里東高
しむじょう P11
P47 琉球古来すば 御殿山 首里本店
新都心公園
興南高
末吉公園
P125
市立病院前駅
石嶺駅
沖縄県立博物館・美術館（おきみゅー）
サンエー那覇メインプレイス P35
環状二号
リブレガーデンホテル
真嘉比
那覇市
儀保
首里久場川町
ハローワーク
古島
首里桃原町2
儀保駅
P55 ザ・ハテラス
松島
儀保大通り
首里儀保町
虎瀬公園
ダイワロイネットホテル那覇おもろまち
おもろまち駅
泊1
東横イン那覇おもろまち駅前
首里バプテスト教会
市役所支所
P112-113
首里大中町
旧崇元寺石門
大道
首里池端町
首里坂下通り
首里中
首里鳥堀町4
首里高
安里三叉路
沖縄ホテル
ノボテル沖縄那覇
県立芸大首里当蔵キャンパス
首里駅
安里
守礼門
安里十字路
大道大通り
首里城
牧志駅
安里駅
寒川緑地
達磨峰西来院
際通り P30
P40・43 首里城公園
首里鳥堀町
ひめゆり通り
崎山公園
壺屋
松川1
沖縄工高
県立芸大首里金城キャンパス
首里金城町
壺屋焼物博物館
繁多川公園
沖縄自動車道
壺屋やちむん通り P38
三原
金城ダム
西原JCTへ
繁多川4
那覇
開南
つくば開成国際高
寄宮
与儀公園
通川
大石公園
スポーツワールドサザンヒル
県立芸大首里崎山キャンパス
首里崎山町
那覇病院通り
識名2
中央保健所
寄宮
真地
県立看護大
与儀
首里崎山町4
識名園 P83
新川
識名3
長田
識名公園
識名トンネル
与儀大通り
光明寺
環状二号
上間
市民体育館
沖縄大
真和志高
兼城
真地小
上間
南風原北ICへ
古波蔵通り
国場
仲井真
古蔵中
南風原高
兼城
真玉橋
国場川
津嘉山
津嘉山バイパス
真玉橋
南風原町
豊見城高
豊見城市
本部
南風原町役場
沖縄アカデミー専門学校
嘉数
本部公園
八重瀬町へ
南風原南ICへ

那覇広域
N
0
5km
鹿児島・名瀬・与論へ
124
122-123
名護
120-121
沖縄
118-119
那覇
116-117
114-115
110-111
座間味島・渡嘉敷島・阿嘉島へ
那覇新港
浦添・宜野湾・北谷
新港ふ頭東緑
新港ふ頭中央緑化公園
天久緑地
那覇港
P33 軽食の店ルビー
泊高
泊港
泊大橋
沖縄かりゆしアーバンリゾート・ナハ
若狭公園
若狭3
ホテルリゾネックス那覇
P53 波の上宮
P53 波の上ビーチ
那覇西道路
波上宮
若狭1
レッドプラネット沖縄那覇
ESTINATE HOTEL
東シナ海
波之上G
護国寺
P10 亀かめそば
P33 高良食堂
那覇ビーチサイドホテル
ソルヴィータホテル那覇
ホテルタイラ
美栄橋駅
那覇バスターミナル P29
西3
辻
松山
沖縄ホテルコンチネンタル
スマイルホテル那覇シティリゾート
那覇商高
久茂地
牧
那覇うみそらトンネル
パシフィックホテル沖縄
P17 琉球かき氷 氷人
P46 ピパーチキッチン
西新緑地
真教寺
沖縄ナハナ・ホテル&スパ
県庁前駅
ロワジール那覇温泉
ロワジール スパタワー 那覇
泉崎
西1
ロワジールホテル那覇イースト
ホテルマリンウエスト那覇
那覇市役所
旭橋駅
沖縄県庁
通堂町
那覇バスターミナル
P29
鏡水
空港通り
那覇ふ頭前緑地
那覇ふ頭船客待合所
旭橋
旭町
P13 ジャッキーステーキハウス
住吉町
リーガロイヤルグラン沖縄
泉崎
福岡高等
那覇港
P45 ロイヤルベーカリーショップ那覇空港店
P45 ふくぎや那覇空港店
明治橋
ANAクラウンプラザホテル沖縄ハーバービュー
那覇東急REIホテル
那覇空港
那覇空港駅
陸上自衛隊那覇駐屯地
垣花町
小禄
壺川駅
壺川
山下
県立武道館
奥武山陸上競技場
古波蔵
がじゃんびら公園
年金事務所
ホテルパークスタジアム那覇
沖縄セルラースタジアム那覇
奥武山公園
那覇大橋
安次嶺
奥武山公園駅
那覇市
小禄高
ゆいレール（沖縄都市モノレール）
大嶺
那覇西高
当間
小禄金城公園
漫湖公園
金城5
那覇東バイパス
森口公園
赤嶺緑地
小禄駅
田原公園
漫湖
航空自衛隊那覇基地
チャビラホテル那覇
田原
ホテルオロックス
漫湖公園市民庭球場
とよみ大橋
海上自衛隊那覇航空基地
赤嶺
赤嶺駅
琉生団地
小禄バイパス
さつき小
小禄
高良
宮城
糸満へ
宇栄原3
琉球団地
豊見城

那覇中心部・国際通り
末日聖徒イエス・キリスト教会
崇元寺
旧崇元寺石門
沖縄サンプラザホテル
仲良橋
安里1
安里八幡宮
神徳寺
安里3
金満宮
首里へ
崇元寺通り
大道中央病院
安里新橋
安里
P31 agu.bao
安里三差路
マックスバリュ
牧志2
P30 Ti-da beach Parlour
安里十字路
ホテルサンクイーン
COMMUNITY&SPA 那覇セントラルホテル
沖縄の風 P52
P31 niehi×nichi
:D kokusai+ P31
蔡温橋
ダイワロイネットホテル那覇国際通り P55
安里2
さいおんスクエア
CARGOES那覇国際通り
P51 久高民藝店
南西観光ホテル
牧志駅
P15 古酒と琉球料理 うりずん
JR九州ホテル ブラッサム那覇
牧志局
てんぶす前
ホテルWBF アートステイ那覇 P54
壺屋小
安里駅
安里(字)
ゆいレール(沖縄都市モノレール)
りうぼう
ホテルアザット
国際通り
黒糖屋 P50
ホテルパームロイヤルNAHA
LUCKY TACOS P13
奥原硝子製造所 P18
安里駅前
むつみ橋
海想 平和通り店 P51
那覇市観光案内所 P29
那覇市伝統工芸館 P53
フルーツ市場 P31
牧志3
那覇市第一牧志公設市場 P38
希望ケ丘公園
むつみ橋通り
平和通り
市場本通り
桜坂通り
珈琲屋台ひばり屋 P49
姫百合橋
花笠食堂 P33
安里橋
安里川
C&C Breakfast Okinawa P49
ふくら舎 P52
ハイアットリージェンシー 那覇沖縄 P54
MIMURI P37
玩具ロードワークス P52
平和通り商店街
妙徳寺
SABORAMI P37
tituti OKINAWA CRAFT P52
浮島ブルーイングタップルーム P47
食堂faidama P47
壺屋焼窯元 育陶園 やちむん道場 P39
330
ひめゆり通り
TAMAGUSUKU COFFEE ROASTERS P48
guma guwa P39
壺屋2
P37 自然食とおやつmana
壺屋やちむん通り
三原1
miyagiya P51
P38 craft house Sprout
P38
P53 サンライズマーケット
琉球銘菓 くがにやあ P51
P49 OKINAWA SOBA EIBUN
神原大通り
壺屋1
壺屋
サンライズなは
P38 craft・gift ヤッチとムーシ
手作り陶房 んちゃせーく P39
開南
フルーツとサンドのお店 La cuncina P47
のうれんプラザ
つくば開成国際高
樋川2
樋川1
開南局
神原小
N
0
100m
ON OFF YES NO P48
神原
神原中
小禄へ

若狭
那覇中
浦添へ
ホテルサン・コーラル
前島
フレッシュプラザユニオン
若狭2
若狭大通り
松山2
前島2
潮渡川
リッチモンドホテル那覇久茂地
ホテルブライオン那覇
P54 ESTINATE HOTEL
久茂地2
前島橋
美栄橋
ソルヴィータホテル那覇
若松入口
サムズマウイ久茂地店 P46
美栄橋駅
沖映通り
ロコイン松山
東横イン那覇国際通り美栄橋駅
ジュンク堂書店
松山1
ホテルエアウェイ
松山公園
アパホテル那覇
松山
ゆいレール（沖縄都市モノレール）
P32 お食事処三笠 松山店
牧志1
松山通り
那覇商高
久茂地橋
緑ケ丘公園
P51 tuitre
大典寺
久茂地川
久茂地3
一銀通り
P11 元祖大東ソバ
ニューパラダイス通り
農林中金前
久米2
琉球放送
沖縄第一ホテル
ホテルJALシティ那覇
久茂地
あっぱりしゃん P47
P16 ukigumo Café
P44 新垣ちんすこう本舗
タイムスホール
沖縄県青年会館
ホテルサンパレス球陽館
西鉄リゾートイン那覇 P55
P45 おきなわ屋本店
国際通り
琉銀本店前
松尾
ホテルリブマックス那覇
久茂地
ワイズキャビン&ホテル那覇国際通り P55
おでん専門おふくろ P14
P32 家庭料理の店まんじゅまい
郷土料理あわもりゆうなんぎい P15
P36 La Cucina SOAP BOUTIQUE
那覇空港へ
沖縄ナハナ・ホテル&スパ
ホテルニューおきなわ
沖銀本店前
ホテルアベスト那覇国際通り
P37 琉球びらす 浮島通り店
ホテルサン沖縄
県庁前駅
パレットくもじ前
ホテルグレイスリー那覇 P55
那覇グランドホテル
P36 Taion 浮島店
泉崎
パレットくもじ
P50 宮古島の雪塩 国際通り店
Splash Okinawa2号店 P50
P37 浮島ガーデン
久茂地1
コンフォートホテル那覇県庁前
わしたショップ 国際通り店 P44
ホテルロコアナハ P55
MANGO CAFE わしたショップ店 P30
県庁北口
沖縄美ら海水族館 アンテナショップ うみちゅらら 国際通り店 P50
那覇空港へ
KARIYUSHI LCH.PREMIUM
県庁前
松尾公園
那覇市役所前
御菓子御殿 国際通り松尾店 P44
バスターミナル前
沖縄県庁
那覇市役所
ホテルチュラ琉球
県庁前通り
市立開南こども園
バスターミナル
泉崎1
Pearllady CHA BAR P49
松尾1
那覇オーパ
沖縄県警察本部
那覇高
那覇バスターミナル P29
開南小
CENTRO P49
県庁南口
県庁南口
那覇高校前
那覇高校
330
P46 [oHacorte Bakery]
ハーバービュー通り
友寄クリニック
ITカレッジ
泉崎2
南部合同庁舎
旭町
58
A
B
1
2
3
4

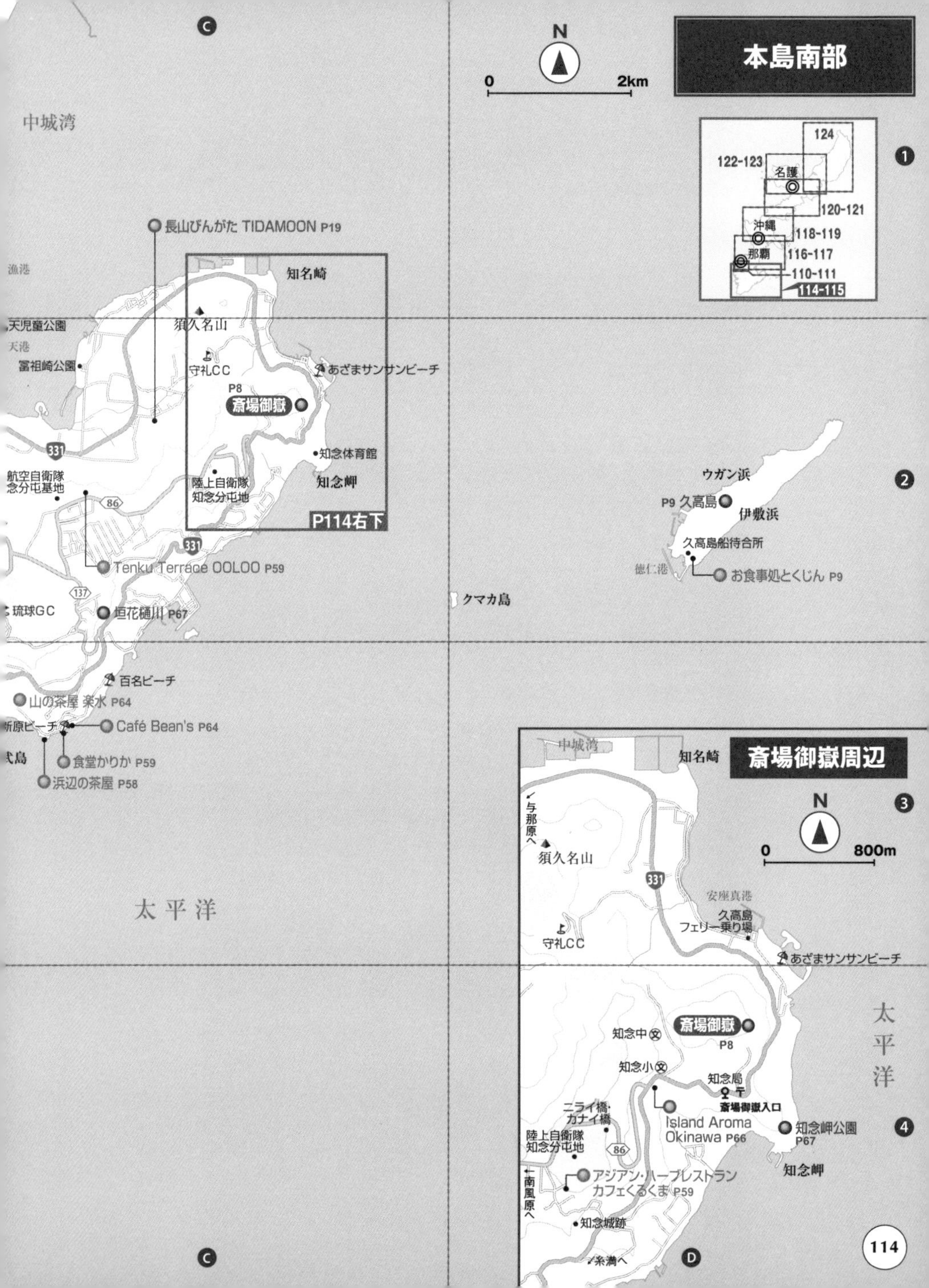
本島南部
N
0
2km
124
122-123
名護
120-121
沖縄
118-119
那覇
116-117
110-111
114-115
中城湾
長山びんがた TIDAMOON P19
漁港
知名崎
須久名山
天児童公園
天港
冨祖崎公園
守礼CC
あざまサンサンビーチ
P8
斎場御嶽
331
知念体育館
航空自衛隊
知念分屯基地
陸上自衛隊
知念分屯地
知念岬
86
P114右下
ウガン浜
P9 久高島
伊敷浜
久高島船待合所
徳仁港
お食事処とくじん P9
Tenku Terrace OOLOO P59
137
琉球GC
垣花樋川 P67
クマカ島
百名ビーチ
山の茶屋 楽水 P64
新原ビーチ
Café Bean's P64
食堂かりか P59
浜辺の茶屋 P58
太平洋
斎場御嶽周辺
中城湾
知名崎
N
0
800m
与那原へ
須久名山
331
安座真港
久高島
フェリー乗り場
守礼CC
あざまサンサンビーチ
太平洋
斎場御嶽
P8
知念中
知念小
知念局
斎場御嶽入口
ニライ橋・
カナイ橋
Island Aroma
Okinawa P66
知念岬公園
P67
陸上自衛隊
知念分屯地
86
南風原へ
アジアン・ハーブレストラン
カフェくるくま P59
知念岬
知念城跡
糸満へ
C
D
1
2
3
4

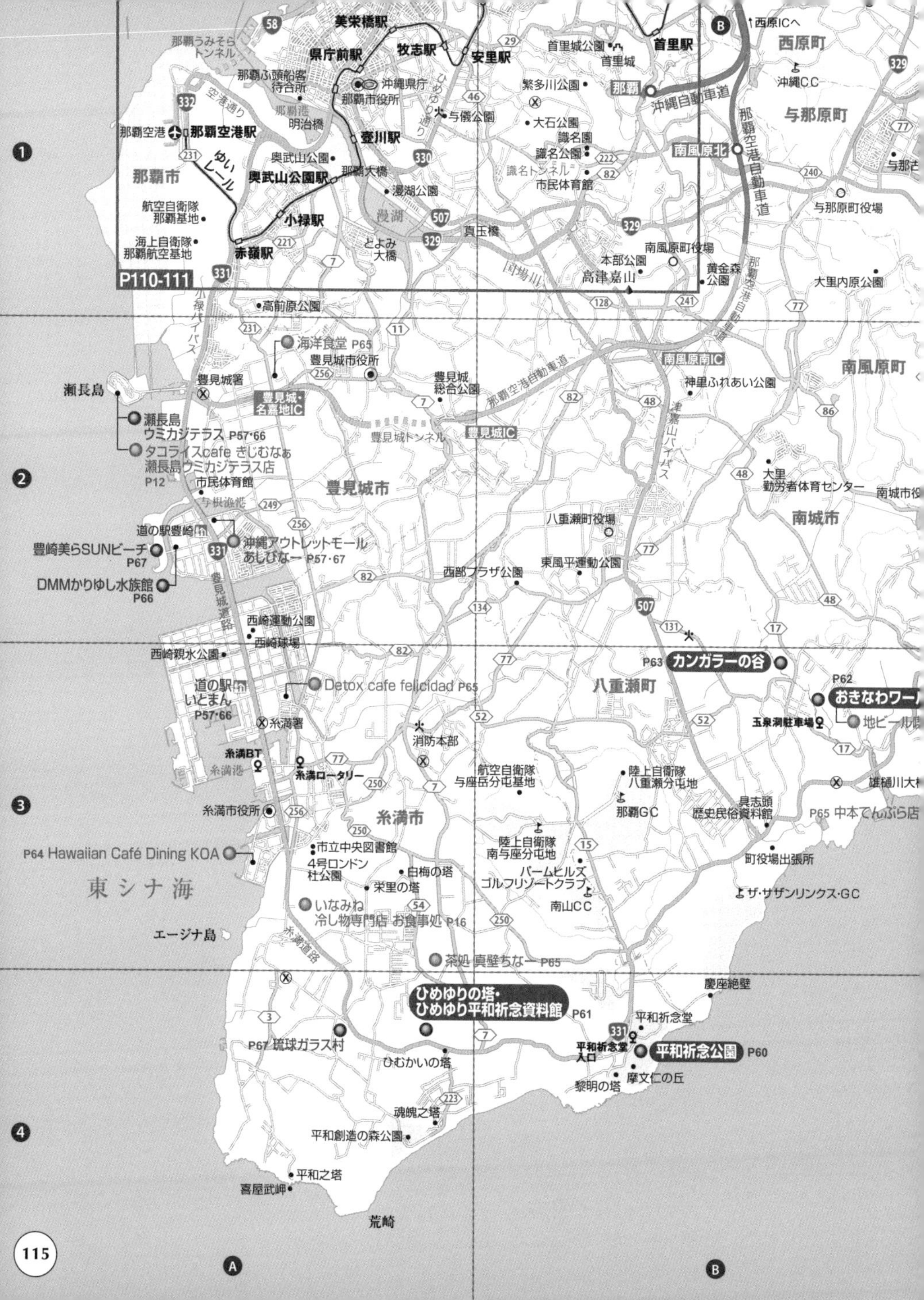

美栄橋駅
県庁前駅
牧志駅
安里駅
首里駅
西原ICへ
西原町
那覇うみそら
トンネル
那覇ふ頭船客
待合所
沖縄県庁
那覇市役所
首里城公園
首里城
繁多川公園
沖縄CC
那覇
沖縄自動車道
与那原町
空港通り
那覇港
明治橋
与儀公園
大石公園
識名園
識名公園
那覇空港
那覇空港駅
壺川駅
南風原北
ゆいレール
那覇市
奥武山公園
那覇大橋
識名トンネル
市民体育館
与那原町役場
奥武山公園駅
漫湖公園
漫湖
那覇空港自動車道
航空自衛隊
那覇基地
小禄駅
真玉橋
海上自衛隊
那覇航空基地
赤嶺駅
とよみ
大橋
南風原町役場
本部公園
高津嘉山
黄金森
公園
大里内原公園
P110-111
小禄バイパス
国場川
高前原公園
海洋食堂 P65
豊見城市役所
豊見城署
南風原南IC
神里ふれあい公園
南風原町
瀬長島
豊見城・
名嘉地IC
豊見城
総合公園
那覇空港自動車道
瀬長島
ウミカジテラス P57・66
豊見城トンネル
豊見城IC
津嘉山バイパス
タコライスcafe きじむなぁ
瀬長島ウミカジテラス店
P12
大里
勤労者体育センター
南城市
市民体育館
与根漁港
豊見城市
道の駅豊崎
沖縄アウトレットモール
あしびなー P57・67
八重瀬町役場
豊崎美らSUNビーチ
P67
東風平運動公園
西部プラザ公園
DMMかりゆし水族館
P66
豊見城道路
西崎運動公園
西崎球場
西崎親水公園
P63 カンガラーの谷
道の駅
いとまん
P57・66
Detox cafe felicidad P65
八重瀬町
P62
おきなわワー
糸満署
玉泉洞駐車場
地ビール
消防本部
糸満BT
糸満港
糸満ロータリー
航空自衛隊
与座岳分屯基地
陸上自衛隊
八重瀬分屯地
雄樋川大
糸満市役所
糸満市
那覇GC
具志頭
歴史民俗資料館
P65 中本てんぷら店
P64 Hawaiian Café Dining KOA
市立中央図書館
陸上自衛隊
南与座分屯地
町役場出張所
4号ロンドン
杜公園
白梅の塔
パームヒルズ
ゴルフリゾートクラブ
東シナ海
栄里の塔
南山CC
ザ・サザンリンクス・GC
いなみね
冷し物専門店 お食事処 P16
エージナ島
糸満道路
茶処 真壁ちなー P65
慶座絶壁
ひめゆりの塔・
ひめゆり平和祈念資料館 P61
平和祈念堂
P67 琉球ガラス村
平和祈念堂
入口
平和祈念公園 P60
ひむかいの塔
黎明の塔
摩文仁の丘
魂魄之塔
平和創造の森公園
平和之塔
喜屋武岬
荒崎

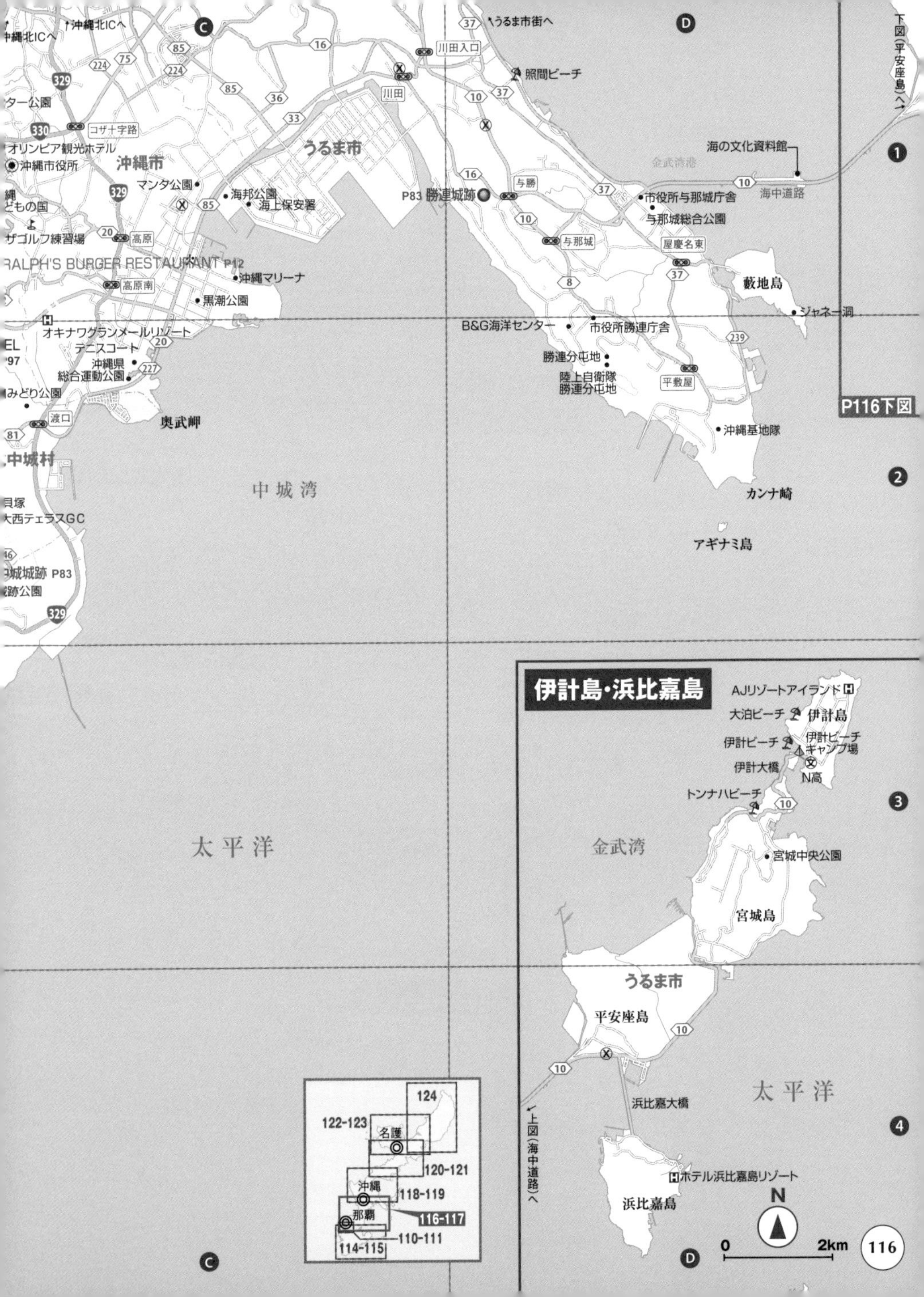

沖縄北ICへ
沖縄市
うるま市
うるま市街へ
川田入口
川田
照間ビーチ
コザ十字路
オリンピア観光ホテル
沖縄市役所
マンタ公園
海邦公園
海上保安署
P83 勝連城跡
与勝
金武湾港
海の文化資料館
海中道路
市役所与那城庁舎
与那城総合公園
与那城
屋慶名東
高原
高原南
RALPH'S BURGER RESTAURANT P12
沖縄マリーナ
黒潮公園
藪地島
ジャネー洞
オキナワグランメールリゾート
テニスコート
沖縄県総合運動公園
B&G海洋センター
市役所勝連庁舎
勝連分屯地
陸上自衛隊勝連分屯地
平敷屋
沖縄基地隊
渡口
奥武岬
中城村
中城湾
カンナ崎
アギナミ島
大西テラスGC
P83
P116下図
下図（平安座島）へ
太平洋
伊計島・浜比嘉島
AJリゾートアイランド
大泊ビーチ
伊計島
伊計ビーチ
伊計ビーチキャンプ場
伊計大橋
N高
トンナハビーチ
金武湾
宮城中央公園
宮城島
うるま市
平安座島
浜比嘉大橋
太平洋
上図（海中道路）へ
ホテル浜比嘉島リゾート
浜比嘉島
N
0
2km
124
122-123
名護
120-121
沖縄
118-119
那覇
116-117
110-111
114-115

宜野湾・北谷周辺
N
0
2km
東シナ海
嘉手納町
北谷町
宜野湾市
浦添市
那覇市
中城村
西原町
与那原町
南風原町
GOOD DAY COFFEE P77
STEAK&PANCAKE KUPU KUPU
CHATAN HARBOR BREWERY& RESTAURANT P77
P76 GORDIE'S
P76 MYLO PLUS CAFÉ
P79 宮城海岸
P78 新垣瓦工場 美浜アメリカンビレッジ店
P93 ダブルツリーbyヒルトン 沖縄北谷リゾート
P78 美浜アメリカンビレッジ
P69 北谷公園サンセットビーチ
P76 タコス専門店メキシコ
PEARL. P79
P78 ブルーシールアイスパーク
P75 スパイスcafe ホチホチ
P75 黒糖カヌレ ほうき星
P79 PORTRIVER MARKET
P74 港川外国人住宅街
P75 Café bar Vambo・Luga
P74 [oHacorté]港川本店
P75 Okinawa Local Goods Store Proots
みそ汁屋 秀 牧港店 P14
A&W牧港店 P13
Spicalily P79
ippe coppe P75
喫茶ニワトリ P17
P19 城紅型染工房
P48 YES!!! PICNIC PARLOR
P110-111
P97 桑江
美浜アメリカンビレッジ入口
ヒルトン沖縄北谷リゾート
喜舎場スマート
6:00-22:00
(那覇行のみ)
てだこ浦西駅
浦添前田駅
経塚駅
古島駅
市立病院前駅
儀保駅
首里駅
石嶺駅
おもろまち駅
安里駅
牧志駅
美栄橋駅
県庁前駅
壺川駅
奥武山公園駅
那覇空港駅
ゆいレール
那覇空港
沖縄自動車道
那覇空港自動車道
西原JCT
南風原北
那覇
西原
北中城
中城PA
読谷・恩納へ
南風原北ICへ
糸満へ

万座ビーチへ
恩納村
恩納岳
363
恩納南
金武町
伊芸SA
金武
屋嘉
漢那ダム
宜野座村
宜野座
宜野座ドーム
慶佐次へ
宜野座村役場
福地川
道の駅ぎのざ
漢那ビーチ
リブマックス アムス・カンナリゾートヴィラ
沖縄自動車道
金武ダム
金武町ベースボールスタジアム
金武大橋
金武観音寺
金武町役場
消防本部
陸上競技場
金武バイパス
金武湾港
ブルービーチ
金武岬
金武湾
124
122-123
名護
120-121
沖縄
118-119
那覇
116-117
110-111
114-115
安慶名中央公園
うるま市役所
野鳥の森自然公園
安慶名
天願川
金武湾港
平良川
金武湾入口
具志川ビーチ
具志川運動公園
うるま署
うるま市
川田入口
川田
照間ビーチ
仲泊周辺
N
0
1km
P93 シェラトン沖縄サンマリーナリゾート
P77 RAINBOW CAFE
カフー リゾートフチャク コンド・ホテル
P96 ホテルモントレ沖縄スパ&リゾート
富着ビーチ
P93 ホテルムーンビーチ
ムーンビーチ
南国荘かわらや
谷茶へ
東シナ海
ホテルモントレ沖縄 スパ&リゾート
真栄田岬
青の洞窟
恩納南バイパス
アルガイド沖縄 P71
シートラスト沖縄 P71
久良波
仲泊
石川ICへ
ルネッサンスリゾートオキナワ P96
山田
仲泊遺跡
仲泊南
恩納村
琉球村 P79
マリンクラブUMI P70
うるま市

西海岸・読谷周辺

N
0
2km
東シナ海
P118右下
残波岬
岬の駅
残波岬公園 P69
残波ビーチ
残波GC
ジ・ウザテラス ビーチクラブ ヴィラズ
ベストウェスタン 沖縄恩納ビーチ
Coral Garden 7 Pools
一翠窯 P73
ホテル日航アリビラ
P92
長浜ダム
P73 ギャラリー森の茶家
座喜味城跡公園
P83 座喜味城跡
村立美術館
体験王国 むら咲むら
やちむんの里 P72
ギャラリー山田 P72
アロハG
親志入口
陶芸工房ふじ P73
P17 鶴亀堂ぜんざい
読谷村陸上競技場
ギャラリーうつわ家（常秀工房）P72
道の駅喜名番所
平和の森球場
読谷村役場
ビーチリゾートモリマー
コンドミニアムモリマーリゾートホテル
P71 トップマリン残波
赤犬子宮
読谷村
伊良皆
真栄田岬
久良波
仲泊
山田
仲泊遺跡
仲泊南
琉球村
恩納村
ココ ガーデンリゾート オキナワ
P95
ビオスの丘
沖縄ロイヤルGC
航空自衛隊恩納分屯
ザ・ペリドットスマートホテル タンチャワード
リザンシーパークホテル谷茶ベイ
シェラトン沖縄サンマリーナリゾート
カフーリゾートフチャクコンドホテル
富着ビーチ
ホテルモントレ沖縄スパ&リゾート
ゴルフリゾート
PGM
沖縄
ムーンビーチ
ホテルムーンビーチ
恩納南バイパス
うるま市
市民の森
石川ダム
市役所石川庁舎
山城ダム
倉敷ダム
東恩納
東恩納
高原
栄野
ホテルシャララ
沖縄市
東南植物楽園
沖縄北
太湾
クイーンズトラップGC
嘉手納運動公園
道の駅かでな
木綿原遺跡
屋良城跡公園
嘉手納北
ニライ消防本部
嘉手納町役場
比謝川
P79 FROMO
嘉手納町
兼久海浜公園
嘉手納空軍基地
陸上自衛隊白川分屯地
知花城址
登川
知花
合同庁舎
明道公園
池武当
池武当(東)
沖縄市消防本部
沖縄自動車道
美里公園
八重島公園
西森公園
沖縄税務署
コザ十字路
沖縄南
北谷町
浦添・宜野湾・北谷へ
沖縄南ICへ
中城へ
58
6
12
16
73
74
26
224
329
255
85
75
330

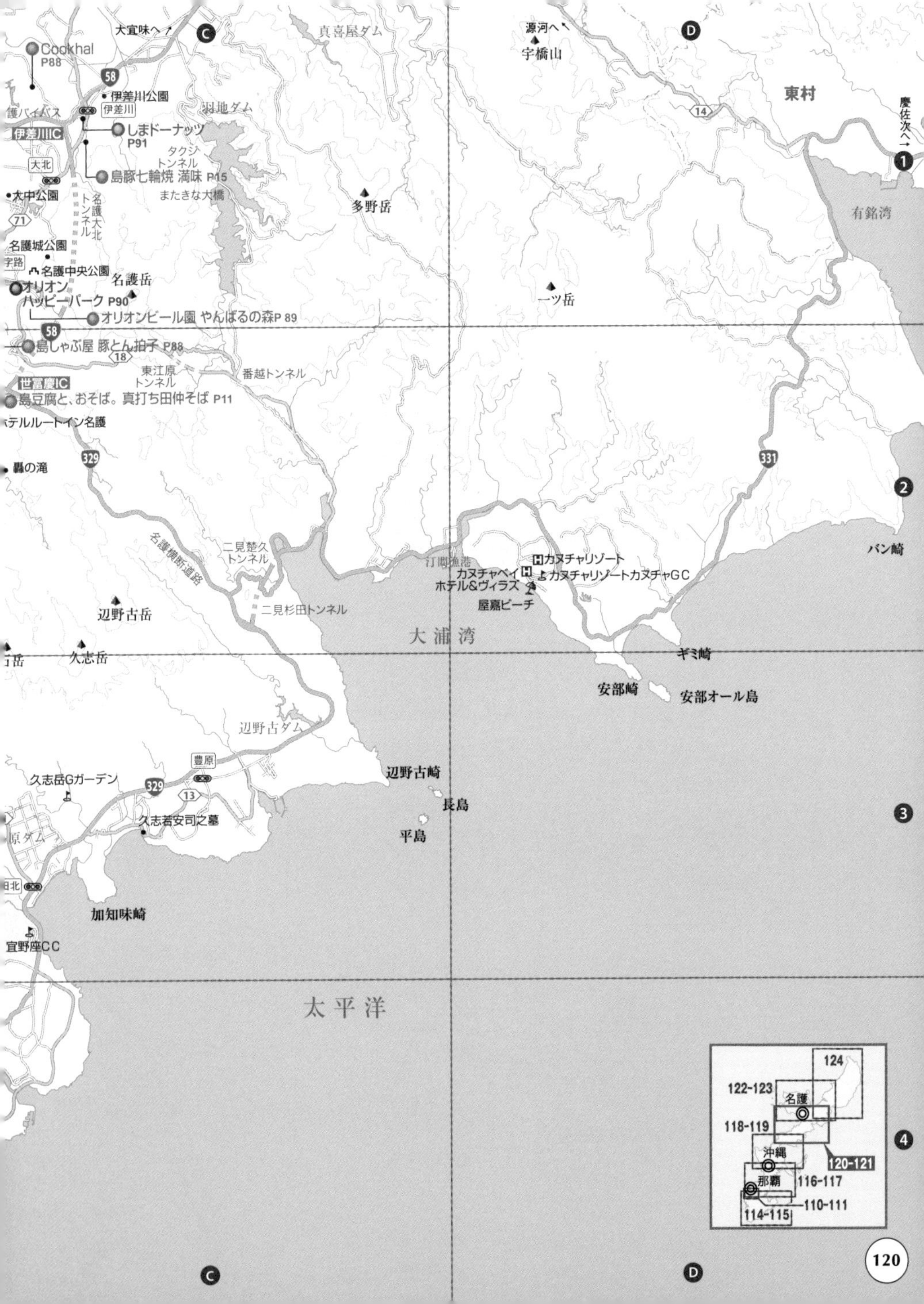
大宜味へ
Cookhal P88
伊差川公園
伊差川
しまドーナッツ P91
伊差川IC
大北
島豚七輪焼 満味 P15
大中公園
名護城公園
名護中央公園
名護岳
オリオン ハッピーパーク P90
オリオンビール園 やんばるの森P 89
島しゃぶ屋 豚とん拍子 P88
世冨慶IC
島豆腐と、おそば。真打ち田仲そば P11
ホテルルートイン名護
轟の滝
真喜屋ダム
羽地ダム
タクシ トンネル
またきな大橋
名護大北トンネル
東江原 トンネル
番越トンネル
多野岳
源河へ
宇橋山
東村
慶佐次へ
有銘湾
一ツ岳
名護東道路
二見楚久 トンネル
二見杉田トンネル
辺野古岳
久志岳
汀間漁港
カヌチャリゾート
カヌチャベイ ホテル&ヴィラズ
カヌチャリゾートカヌチャGC
屋嘉ビーチ
大浦湾
バン崎
ギミ崎
安部崎
安部オール島
辺野古ダム
豊原
久志岳Gガーデン
久志若安司之墓
辺野古崎
長島
平島
加知味崎
宜野座CC
太平洋
124
122-123
名護
118-119
沖縄
120-121
那覇
116-117
110-111
114-115
C
D
1
2
3
4

本島中部
N
0
2km
↑本部へ
オン・ザ・ビーチルー
本部町
名護市
今帰仁へ↗
↑本部へ
為又北
P90 OKINAWAフルーツらんど
P90 ナゴパイナップルパーク
為又公園
P91 シーサーパーク 琉球窯
ホテルリゾネックス名護
P19 紅型キジムナー工房
ホテルゆがふいんおきなわ
名護球場
名護市役
名護湾
東シナ海
道の駅許田
許田漁港
後の御獄
許田
許田GC
P95 ザ・テラスクラブ アット ブセナ
P94 ザ・ブセナテラス
喜瀬ビーチ
P95 オキナワ マリオット リゾート&スパ
P94 OKINAWA SPA RESORT EXES
リッツ・カールトン沖縄 P97
P92 ハレクラニ沖縄
かねひで喜瀬CC
ハイアットリージェンシー
瀬良垣アイランド沖縄
P95 ジ・アッタテラス クラブタワーズ
ミッションビーチ
P93 ANAインター
コンチネンタル
万座ビーチリゾート
美らオーチャードGC
県民の森
ダイヤモンドビーチ
P69 万座毛
オリエンタルヒルズ沖縄
P77 MAGENTA n blue
県民の森キャンプ場
鍋川ダ
宜野座大川ダム
恩納バイパス
ラ・カーサ・パナシア・
オキナワ・リゾート
ジ・アッタテラス
ゴルフリゾート
万座毛
恩納村役場
宜野座村
当袋川ダム
恩納村
宜野座
恩納ダム
漢那ダム
宜野座村野球場
宜野座村役場
浦添・宜野湾・北谷へ↙
恩納岳
363
恩納南
航空自衛隊
恩納分屯基地
赤間総合運動公園
道の駅
ぎのざ
福地川
漢那ビーチ
金武町
リブマックス アムス・
カンナリゾートヴィラ
ザ・ペリドットスマートホテル
タンチャワード
沖縄自動車道
屋嘉トンネル
沖縄科学技術
大学院大
伊芸SA
金武大橋
金武町
ベースボールスタジアム
伊芸SA
金武町役場
石川ICへ↙
金武
金武観音寺

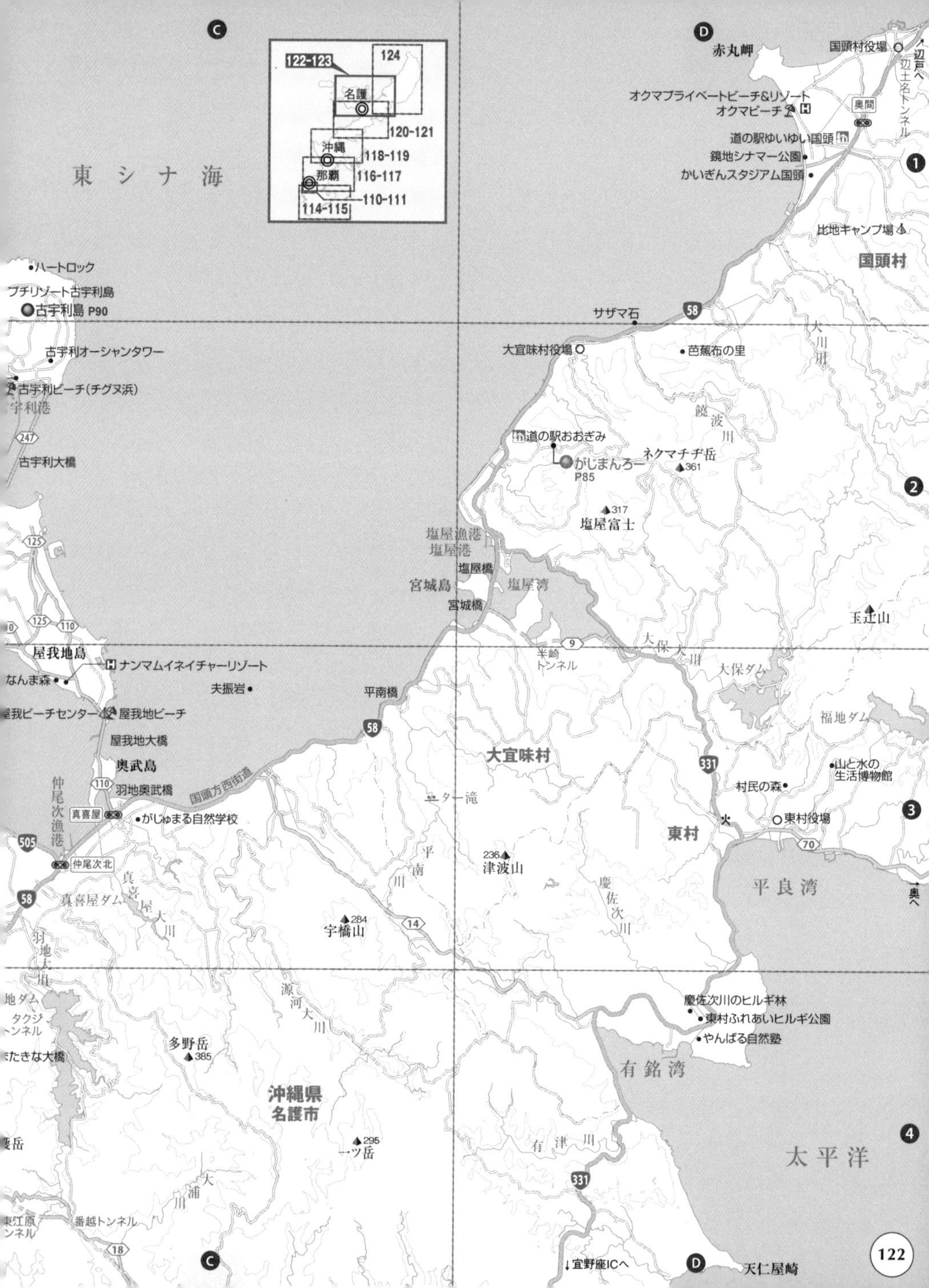
東シナ海
122-123
124
名護
120-121
沖縄
118-119
那覇
116-117
110-111
114-115
赤丸岬
国頭村役場
辺戸へ
辺土名トンネル
オクマプライベートビーチ&リゾート
オクマビーチ
奥間
道の駅ゆいゆい国頭
鏡地シナマー公園
かいぎんスタジアム国頭
比地キャンプ場
国頭村
ハートロック
ブチリゾート古宇利島
古宇利島 P90
古宇利オーシャンタワー
古宇利ビーチ(チグヌ浜)
古宇利港
古宇利大橋
サザマ石
大宜味村役場
芭蕉布の里
大川川
饒波川
道の駅おおぎみ
がじまんろー
P85
ネクマチヂ岳
361
317
塩屋富士
塩屋漁港
塩屋港
塩屋橋
宮城島
塩屋湾
宮城橋
玉辻山
屋我地島
ナンマムイネイチャーリゾート
なんま森
夫振岩
半崎トンネル
大保大川
大保ダム
平南橋
屋我ビーチセンター
屋我地ビーチ
屋我地大橋
奥武島
福地ダム
大宜味村
国頭方西街道
仲尾次漁港
羽地奥武橋
真喜屋
がじゅまる自然学校
ター滝
山と水の生活博物館
村民の森
東村役場
東村
仲尾次北
平南川
236
津波山
慶佐次川
平良湾
奥へ
真喜屋ダム
真喜屋大川
羽地大川
284
宇橋山
源河大川
慶佐次川のヒルギ林
東村ふれあいヒルギ公園
やんばる自然塾
地ダム
タクジトンネル
たきな大橋
多野岳
385
有銘湾
沖縄県
名護市
295
一ツ岳
有津川
太平洋
大浦川
東江原トンネル
番越トンネル
宜野座ICへ
天仁屋崎

本部半島周辺
N
0
2km
↗与論・鹿児島へ
↑伊是名島・伊平屋島へ
P7 備瀬のフクギ並木
備瀬崎
okinawasun P81・89
P81 cafe CAHAYA BULAN
P4 エメラルドビーチ
P81 美ら海café
ホテル オリオン モトブ リゾート&スパ
P97
ホテルゆがふいんBISE
新里漁港
ウッドペッカー
今帰仁
P97
今泊
北山荘
長浜ビーチ
具志堅西
P6 沖縄美ら海水族館
センチュリオンホテルリゾート
ヴィンテージ沖縄美ら海
P6 国営沖縄記念公園
(海洋博公園)
記念公園前
今帰仁城跡 P82
大井川
今帰仁村
総合運動公園
リゾートホテルベル・パライソ
ウッパマビーチ
ホテルマハイナウェルネス
リゾートオキナワ
熱帯・亜熱帯
都市緑化植物園
オキナワハナサキマルシェ P24
P88 カフェこくう
今帰仁村役場
chilln
運天港
旅客ターミナル
P91 もとぶ元気村
マリンピアザオキナワ
本部グリーンパークホテル&G
本部グリーンパークホテル
今帰仁村
乙羽トンネル
275
乙羽岳
ワルミ大橋
P89 ピザ喫茶 花人逢
ホテルモトブリゾート
本部大橋
渡久地港
きしもと食堂本店 P89
満名川
呉我山トンネル
P14 焼肉もとぶ牧場 もとぶ店
本部町役場
P85 農芸茶屋 四季の彩
本部署
瀬底大橋
瀬底大橋
SOYSOY CAFE P91
ヤガンナ島
羽地内
瀬底島
瀬底ビーチ
本部港
P84 Café ichara
cafe ハコニワ P85
P91 琉球香房くるち
FOUR ROOMS
本部港伊江島航路ターミナル
本部町
P84 やちむん喫茶
シーサー園
いこいの駅いずみ
オリオン嵐山GC
ベルビーチGC
アセローラフレッシュ P91
やんばる憩いの森
中山
辺名地ダム
嘉津宇岳
452
432
安和岳
西屋部川
OKINAWA
フルーツらんど
P90
P18 グラスアート藍
奈佐田川
オン・ザ・ビーチルー
為又北
P90 ナゴパイナップルパーク
Cook
P88
しまドーナッツ
P91
伊差川公
為又公園
伊差川
P91 シーサーパーク 琉球窯
伊差川IC
名護バイパス
ホテルリゾネックス名護
白銀橋東
P15 島豚七輪焼 満味
大北
P19 紅型キジムナー工房
宮里4北
大中公園
東シナ海
ホテルゆがふいんおきなわ
21世紀の森
公園
名護BT
名護
中央公園
名護球場
名護十字路
名護市役所
城1
名護湾
東江四北
オリオン
ハッピー
パーク
P88 島しゃぶ屋 豚とん拍子
P11 島豆腐と、おそば。真打ち田仲そば
幸地又
トンネ
ホテルルートイン名護
世冨慶
世冨慶IC
P89 オリオンビール園 やんばるの森
恩納・読谷へ
那覇へ
伊江島へ
那覇へ
A
B
1
2
3
4

N
0 4km
P86 大石林山
辺戸岬
宇佐浜遺跡
沖縄石の文化博物館 P87
辺戸御嶽
248
茅打バンタ
宜名真トンネル
宜名真漁港
世皮崎
奥港
ウテンダトンネル
奥ヤンバルの里
宇嘉トンネル
58
尾西岳
272
宜名真ダム
赤崎
420
西銘岳
宇嘉川
伊江川
東シナ海
辺野喜ダム
伊集の湖
楚洲川
70
佐手川
我地川
与那橋
辺土名漁港
与那川
照首山
伊部岳
新与那トンネル
395
352
フエンチヂ岳
タカシジ山
安田ケ島
390
250
沖縄県
国頭村
赤丸岬
国頭村役場
辺土名トンネル
フンガー湖
安田漁港
オクマ プライベートビーチ&リゾート
普久川ダム
オクマビーチ
森林公園
イシキナ崎
鏡地シナマー公園
やんばる野生生物保護センター
ウフギー自然館
奥間川
安波のタナガーグムイ植物群落
ヤンバルクイナ生態展示学習施設「クイナの森」
カツセノ崎
比地キャンプ場
503
比地大滝
与那覇岳
田嘉里川
比地川
クイナ湖
安波川
安波のサキシマスオウノキ
サザマ石
国頭村環境教育センターやんばる学びの森
床川
安波ダム
大宜味村役場
芭蕉布の里
大川
饒波川
267
伊湯岳
446
赤又山
道の駅おおぎみ
361
ネクマチヂ岳
大宜味村
新川湖
新川ダム
宇嘉川
58
317
塩屋漁港
塩屋港
塩屋富士
大崎
宮城島
塩屋橋
宮城橋
塩屋湾
ハラマタ川
イニスーマタ川
サンヌマタ川
289
玉辻山
大保大川
東村
新川崎
9
半崎トンネル
331
大泊川
新川川
福地ダム
福上湖
太平洋
山と水の生活博物館
福地川
ター滝
東村役場
70
ギナン崎
236
津波山
慶佐次川
平南川
平良湾
284
宇橋山
14
慶佐次川のヒルギ林
東村ふれあいヒルギ公園
やんばる自然塾
名護市
有銘湾
一ツ岳
辺野古へ
124
122-123
名護
120-121
沖縄
118-119
那覇
116-117
110-111
114-115

首里城周辺

浦添市へ
末吉公園
城北整形外科胃腸科
平良
首里平良町1
城北中
城北小
首里末吉町1
市立病院前
市立病院前駅・浦添市へ
首里儀保町4
首里儀保町3
首里石嶺町1
環状二号
首里歯科医院
花城内科医院
首里協同クリニック
盛光寺
松島2
P52 tous les jours
儀保
首里久場川町1
真嘉比川
首里桃原町2
首里儀保町2
儀保駅
首里桃原町1
首里山川町2
儀保大通り
桃原
山川2
赤平
虎瀬公園
首里儀保町1
ゆいレール（沖縄都市モノレール）
首里赤平町2
首里久場川町2
首里大中町2
首里赤平町1
那覇市
首里りうぼう
タウンプラザかねひで
山川2
那覇市役所支所
さくの川公園
首里バプテスト教会
首里大中町1
首里当蔵町1
ダブルツリーbyヒルトン那覇首里城
首里山川町1
首里池端町
ふくぶく茶専門店 古都首里嘉例
P43
汀良
首里汀良町3
首里山川局
山川
首里高前
首里城公園入口
龍潭通り
当蔵
首里当蔵町2
汀良公園
龍潭 P42
日本キリスト教団首里教会
首里汀良町2
山川
池端
世持橋
龍潭公園
当蔵
首里中
首里駅
汀良
P43 首里ほりかわ
首里真和志町2
首里真和志町1
県立芸大首里当蔵キャンパス
首里公民館前
首里坂下通り
首里高
首里城前
図書・芸術資料館
首里図書館
首里汀良町1
首里鳥堀町1
安里へ
首里城前
城西小
P42 弁財天堂
円覚寺総門
沖縄受験ゼミナール
安国禅寺
首里城前
円鑑池
鳥堀
首里寒川町1
P42 玉陵
守礼門
園比屋武御嶽石門 P41
鳥堀1
鳥堀
万松院
一中健児の塔
首里当蔵町3
達磨峰西来院
首里鳥堀町1
赤マルソウ通り
首里金城町1
P40・43
首里城公園
P10 首里そば
首里鳥堀町2
首里城南口
一中健児の塔入口
首里鳥堀町3
興禅寺
首里鳥堀町1
首里赤田町1
寒川緑地
石畳入口
金城町
P43 首里金城町石畳道
首里金城の大アカギ
赤田
首里金城町2
P43
首里赤田町2
県立芸大首里金城キャンパス
芸大第3キャンパス前
赤田
首里あかみね歯科
金城2
崎山公園
安里川
首里金城町3
首里崎山町2
首里崎山町1
金城大樋川 P43
繁多川3
首里崎山公園
石畳前
首里金城町4
首里赤田町1
松城中
城南小
崎山
金城4
カトリック首里教会
首里崎山町3
まつしろ公園
繁多川公園
繁多川2
金城ダム
崎山
那覇
沖縄自動車道
博愛病院
首里崎山町4
サンエーV21
繁多川4
識名宮
石田中
国道329号へ
N
0
200m
1
2
3
4
A
B
B
28
29
29
82
82
82

●食事処

●みる

●泊まる

●カフェ

●買う

ひとり旅って、こんなに楽しい!

ソロタビ 沖縄・那覇

2020年2月15日　初版印刷
2020年3月1日　初版発行

編集人　平原聖子
発行人　今井敏行
発行所　JTBパブリッシング
印刷所　JTB印刷

企画・編集	国内情報事業部
表紙デザイン	フラミンゴ・スタジオ
本文デザイン	BEAM K&Bパブリッシャーズ
取材執筆	K&Bパブリッシャーズ 佐道眞左　新崎理良子
編集協力	相川裕一　佐久間葉子
撮影・写真	K&Bパブリッシャーズ 小早川渉 PIXTA JTBパブリッシング 関係各施設・市町村
イラスト	ヤマグチカヨ
地図	ゼンリン　ジェイマップ K&Bパブリッシャーズ

JTBパブリッシング
〒162-8446　東京都新宿区払方町25-5
編集:03-6888-7860
販売:03-6888-7893
https://jtbpublishing.co.jp/

Printed in Japan
193283　760620
ISBN　978-4-533-13967-3　C2026

おでかけ情報満載　https://rurubu.jp/andmore/

●本誌に掲載した地図の作成に当たっては、国土地理院長の承認を得て、同院発行の50万分1地方図、2万5千分1地形図及び電子地形図25000、数値地図50mメッシュ（標高）を使用した。（承認番号　平29情使、第444-1251号/平29情使、第445-659号）●本誌掲載のデータは2019年12月末日現在のものです。発行後に、料金、営業時間、定休日、メニュー等の営業内容が変更になることや、臨時休業等で利用できない場合があります。また、各種データを含めた掲載内容の正確性には万全を期しておりますが、おでかけの際には電話等で事前に確認・予約されることをお勧めいたします。なお、本誌に掲載された内容による損害等は、弊社では補償いたしかねますので、予めご了承くださいますようお願いいたします。●本誌掲載の料金は、原則として取材時点で確認した消費税込みの料金です。また、入園料などは、特記のないものは大人料金です。ただし各種料金は変更されることがありますので、ご利用の際はご注意ください。　●定休日は、原則として年末年始・お盆休み・ゴールデンウィーク・臨時休業を省略しています。●本誌掲載の利用時間は、特記以外原則として開店（館）～閉店（館）です。ラストオーダーや入店（館）時間は通常閉店（館）時刻の30分～1時間前ですのでご注意下さい。●本誌掲載の交通表記における所要時間はあくまでも目安ですのでご注意ください。また、公共交通機関の運賃は、ICカード乗車券をご利用の場合、一部のエリア・会社で運賃が異なる場合があります。●本誌掲載の温泉の泉質・効能は源泉のもので、個別の浴槽のものではありません。各施設からの回答をもとに原稿を作成しています。●本誌掲載の宿泊料金は、原則としてシングル・ツインは1室あたりの室料です。1泊2食、1泊朝食、素泊に関しては、1室1名で宿泊した場合の1名料金です。料金は取材時点での消費税率をもとに、諸税、サービス料込みで掲載しています。季節によって変動しますので、お気をつけください。

ソロタビ（国内）
760620